L'AME
HUMAINE
EXPLIQUEE
AUX SIMPLES

42, av. des Platanes
37170 CHAMBRAY

Pierre-Marie EMONET, o.p.

L'AME HUMAINE EXPLIQUEE AUX SIMPLES

AVANT-PROPOS

> *" Les frontières de l'âme, aussi loin que tu suives ses chemins, tu ne peux les trouver, tant est profonde la Parole qui l'habite "*.
>
> (HÉRACLITE, frag. 45)

Cette sentence d'un philosophe grec, Héraclite, qui a vécu à Ephèse, au VIe siècle avant Jésus-Christ, aurait dû nous décourager d'écrire sur l'âme humaine. Or c'est tout le contraire ! De savoir qu'en méditant sur ce sujet nous allions côtoyer les abîmes nous a attiré. D'ailleurs deux siècles après Héraclite un philosophe grec aussi n'a pas craint d'entreprendre cette recherche. Nous voulons parler d'Aristote. Dans le Traité *" De l'Ame "*, ce dernier a expliqué pourquoi l'âme humaine n'a pas de frontière, pourquoi sa nature l'ouvre sur l'Infini.

Les analyses d'Aristote, nous entreprenons donc de les exposer. Nous nous adressons aux " simples " ! Nous estimons qu'ils ont, autant que les initiés en philosophie, le droit d'être acheminés vers les profondeurs de l'homme.

Au moment d'entreprendre une longue réflexion sur l'âme humaine, nous laissons volontiers résonner en nous le chant du chœur dans l'Antigone de Sophocle : " Nombreuses sont les merveilles de la nature, mais de toutes, la plus grande merveille, c'est l'homme " (1).

PREMIÈRE PARTIE

L'HOMME :
SA VIE SENSIBLE

*" O cher univers
entre mes mains connaissantes "*
(Paul Claudel)

CHAPITRE I

COMMENT DÉCOUVRIR L'EXISTENCE DE L'AME ?

> *" Un bon moyen de connaître l'âme est de regarder le corps "*
>
> (Paul Claudel)

Le mot " âme " vient du latin " anima ", lequel vient du grec : " anemos ". Le terme grec signifie : le vent, le souffle. Par analogie avec le souffle du vent nous pouvons déjà dire quelque chose de l'âme. Le vent met les choses en mouvement. L'arbre que le vent remplit de son souffle fait bouger ses branches. On dit alors qu'il " s'anime ". On donnera donc le nom d'" âme " au principe qui communique à certains corps de la nature la faculté de se mouvoir d'eux-mêmes. Ainsi en est-il de tous les corps vivants : végétaux, animaux, hommes. On saisit donc la présence de l'âme dans un corps aux mouvements que spontanément il accomplit et de lui-même. Claudel a raison : un bon moyen de connaître l'âme est de commencer par bien regarder un corps vivant.

* * *

Un corps vivant est un corps qui, à partir d'une graine, d'un œuf, d'une première cellule, se pousse de lui-même à la lumière. Et cela il le fait en se munissant, comme la plante, par exemple, de racines, d'une tige, de branches, de feuilles, de fleurs. Et tous ces organes, instruments d'opérations encore futures, le vivant les unit en un ensemble bien lié.

Si l'on observe un vivant en voie de formation, on remarque qu'il possède en lui-même un principe intérieur d'édification. Ce principe intérieur est cause d'opérations si diversifiées, qu'il faudra trois mots, au moins, pour en exprimer toutes les virtualités. En tant qu'il met en mouvement la matière pour se construire, on l'appelle justement : *" âme "*. En tant que cette construction comprend des organes bien ouvragés et agencés, on l'appelle *" idée "*. Et en tant que de ces nombreux instruments il fait un tout parfaitement structuré, on l'appelle : *" forme "*. Dans le traité " De l'Ame " d'Aristote ces trois termes reviennent constamment. On l'aura compris, ces trois termes ne désignent en fait qu'une seule réalité, mais trop riche pour qu'un seul puisse en dire toutes les fonctions.

* * *

On le voit, il n'est pas possible de parler de l'âme sans parler du corps. C'est bien pour elle-même, en effet, que l'âme construit le corps. Aristote ne fait que décrire ce qui se passe à tout instant dans la nature quand il écrit : " On voit que le corps existe en vue de l'âme " (2). Il écrit encore : " L'acte premier de l'âme est d'organiser un corps en vue d'une opération spécifique qu'elle a à accomplir " (3). Chaque organe existe pour une action bien déterminée. L'oeil, l'âme le crée, parce qu'elle est destinée à voir. Le corps vivant se présente comme un ensemble d'organes bien liés en vue d'une action complexe (4). Parlant de la rose en sa genèse le poète remarque :

> La rose
> " Sous le mortel hiver et le printemps incertain compose.
> Entre les feuilles épineuses parfaite enfin la rouge fleur
> de désir en son ardente géométrie " (5).

Oui, il n'est que d'observer un corps vivant à l'heure de sa formation pour contempler son âme. Qu'on le fasse à la manière du savant, ou du peintre, ou du poète, c'est son âme qu'on découvrira en train de composer le corps qu'il lui faut. L'âme a besoin du corps pour, un jour, pouvoir dire son secret : comme " la rose qui s'ouvre au vent et peut être lue les yeux fermés... ".

Les grecs croyaient que l'âme existait avant le corps → en bonne logique l'âme doit donc exister en vue du corps ; mais si l'on admet pas que l'âme existe avant le corps, l'âme peut quand-même exister en vue du corps et donc l'âme est donné par Dieu à l'enfant au moment-même de sa conception. (MC)

Chapitre II

POUR QUELLE FIN L'AME HUMAINE COMPOSE-T-ELLE LE CORPS QU'ELLE A ?

> *" Floraison de mon être en la fleur de tout ce qui est "*
>
> (Jacques Maritain)

Si la rose compose le corps qui est le sien, c'est pour enfin arriver à la fleur et répandre son parfum. L'oiseau compose le sien pour le vol et le chant. L'âme humaine pourquoi donne-t-elle à son corps cette architecture ? Peut-on dire ce qui attire l'embryon humain à l'heure de sa genèse ? Avec tant de rapidité, d'élan, de sûreté il parcourt le complexe - chemin vers sa naissance ? Quelles opérations spécifiques prépare-t-il en façonnant les organes des sens extérieurs et, dans le cerveau, les instruments des sens internes ? Tous instruments si délicatement ouvragés !

* * *

Une des réponses sera : si l'âme humaine se donne le corps qu'elle a, c'est non seulement pour naître à soi-même, mais encore pour naître à tout ce qui est, par l'entrée en elle de toutes choses. D'autre part aussi, par ce même corps, laisser l'âme sortir de soi vers les choses leur donnant son amour. <u>Connaissance et amour, voilà pourquoi l'âme humaine se donne ses organes et les tient ensemble, c'est sa raison d'être ultime.</u>

* * *

Commençons tout de suite à parler de la première finalité de l'âme humaine : *la connaissance.*

L'âme humaine se fait pousser des organes en vue de naître deux fois. Une sentence d'Aristote célèbre justement l'ampleur infinie de l'âme de l'homme : " L'âme, en connaissant, est d'une certaine façon toutes choses " (6). Ce qu'Héraclite disait : jamais on n'atteindra les frontières de l'âme, Aristote l'explique ainsi : <u>par la connaissance l'âme humaine est capable de contenir en elle tout ce qui est.</u>

Avoir cette intuition suppose qu'on a réalisé ce qui est évident : les organes des sens qui constituent son corps, l'âme les ordonne à la connaissance. Est-il besoin de le prouver ? L'oeil, l'oreille, le nez, la bouche sont autant d'instruments susceptibles de capter les qualités des choses, et de le faire entrer en elle. Ce n'est pas, en effet, pour le seul but biologique que s'exercent ces organes et leurs facultés. Ce n'est pas uniquement pour les manger et les détruire que nous nous intéressons aux choses. Mais aussi et même souvent simplement pour les regarder, les contempler, pour le plaisir de les connaître. Aristote commence la Métaphysique : " <u>Tous les hommes ont, par nature, le désir de connaître</u> " (7).

* * *

Essayons de dire le mystère de la connaissance. Nous transcrirons ici quelques lignes d'un chartreux qui parlent si profondément de cet acte : " Connaître c'est simplement être plus, plus pleinement, plus vraiment. Connaître c'est s'enrichir de l'être même des choses en les laissant être ce qu'elles sont ". Non, connaître ce n'est ni manger, ni digérer les choses. C'est au contraire les promouvoir en leur communiquant une deuxième existence. Une fois en elles-mêmes, pour elles-mêmes, une deuxième fois pour le connaissant et dans le connaissant.

On comprend pourquoi les philosophes qui ont le mieux parlé de la connaissance l'ont fait en employant le verbe : *être.* Connaître, c'est *" être " en quelque manière toutes choses,* disait Aristote, on l'a vu. Le moine contemplatif que nous avons cité se devait d'exalter le mérite de la connaissance en ces termes : " L'intelligence, douceur essentielle, respecte les êtres absolument et se trouve par là hériter de leurs vertus ".

* * *

On a donc raison de relever une analogie entre l'âme des plantes qui compose leurs organes en vue des fleurs, et l'âme humaine qui compose les siens pour " fleurir en la fleur de tout ce qui est " (8). Aristote l'avait déjà fait remarquer : " la vision chez l'homme, ne produit aucune œuvre à côté d'elle. La vision, de soi s'achève dans le voyant, comme la contemplation dans le contemplant ". Comme la plante se parfait en sa fleur (9).

> " Contrairement à la phénoménologie de Kant qui qui dit que la connaissance est toujours subjective et donc l'on englobe jamais l'être des choses

Chapitre III

LA CONNAISSANCE RASSEMBLE TOUTES LES CHOSES DANS L'AME

" Un sanctuaire d'une ampleur infinie "
(Saint Augustin)

Saint Augustin, ce génie de l'introspection, s'est interrogé sur ce fait que ce que le connaissant voit en lui, reçoit en lui, ce ne sont pas des images des choses, mais les choses elles-mêmes. Et ce qui l'étonne encore plus, que, sans sortir d'elle-même, l'âme atteigne pourtant les choses elles-mêmes, " avec les dimensions que percevaient mes regards au-dehors " (10). Avec ces remarques il allait d'un seul bond de l'esprit jusqu'au cœur même du mystère de la connaissance. Faute de passer lourdement à côté de ce mystère, il faut affirmer qu'il y a bien pour une seule et unique réalité deux modes différents d'existence. Ces montagnes, ces vagues, ces fleuves existent sans doute hors de ma conscience. C'est pour cela qu'elles reçoivent le nom de " choses ". Ce n'est plus un terme banal. Ce que l'on veut signifier, c'est que ces réalités sont pleinement indépendantes de la conscience, et pleinement responsables de ce qu'elles font. Pourtant ces mêmes montagnes, ces mêmes vagues, ces mêmes fleuves existent aussi et en plus dans la conscience. On les appelle alors des *"objets"*. Ce terme vient du latin : *"ob"* qui veut dire *"devant"*, et *"jacere"* qui veut dire : *poser*. Pour être connues, toutes les réalités sont mises *"dans"* et, en même temps, *"devant"* la conscience.

* * *

Tel est bien le paradoxe de la connaissance. Pour rejoindre le pouvoir "miraculeux" de cet acte, il faut dire que la réalité de la *chose* revêt à l'intérieur du connaissant une " existence " d'*objet*. Voyons dans ce vocabulaire l'humble effort de l'esprit cherchant à décrire au mieux ce qui se passe vraiment dans un tel acte. Comment dire autrement l'extraordinaire privilège du connaissant de faire *" exister "* en lui toute réalité quelle qu'elle soit ! Et spontanément c'est bien la réalité en elle-même que nous regardons en nous-mêmes, et non un cahier d'images ! Saint Augustin a raison : Ce qui est mis en réserve dans l'âme ce ne sont pas les images des réalités, mais les réalités elles-mêmes. C'est pourtant bien ma mère que je vois, ma mère elle-même en moi, elle qui n'est plus. Je ne vois pas sa photographie.

En plus de mon existence propre, individuelle, j'existe aussi les choses. Et les choses en plus de leur existence propre, elles reçoivent encore une existence d'objets. Ensemble la conscience et les choses *" sur-existent "*. Le contemplatif que nous avons déjà cité exprime si heureusement ce paradoxe : " Rien n'est plus évident que ce fait que nous vivons à la fois notre acte et celui d'une quantité illimitée d'objets. Nous nous actualisons en accueillant la *réalité objective* d'une quantité indéfinie d'actes étrangers ". Cette fois encore nous expliquons la sentence d'Héraclite : " Jamais tu ne trouveras les frontières de l'âme" ! C'est vrai justement à cause de l'acte de la connaissance qui fait de l'âme humaine " un sanctuaire d'une ampleur infinie. L'esprit est trop étroit pour s'étreindre lui-même " (11).

Chapitre IV

NOTRE CORPS EST MODELÉ PAR L'AME AU REGARD DES CHOSES QUI SONT HORS DE NOUS

> *" Le corps est l'œuvre de l'âme : il est son expression et son prolongement dans le domaine de la matière "*
>
> (Paul Claudel)

Les chapitres précédents voulaient établir que le corps existe bien en vue de l'âme. C'est en étudiant la structure des organes qui le composent que l'on découvre pour quelle fin l'âme les construit. Ils révèlent peut-on dire les intentions inconscientes de l'âme qui les invente.

Des organes comme l'oeil, l'oreille, le nez, la bouche se présentent en forme de récepteurs. Ils sont évidemment fabriqués pour capter les messages qui partent des choses dans le monde. Ce sont comme autant de " portes ouvertes " par où les qualités, les figures des choses sensibles entrent dans l'âme. Ce sont autant de cavités où l'âme entasse les innombrables objets, offerts par le monde. C'est toute une " Egypte savoureuse " qui s'engouffre ainsi dans la conscience.

* * *

Les organes des sens, comme les autres d'ailleurs : jambes, bras, mains, ne sont pas des instruments qui auraient été *"vissés"* du dehors sur une âme déjà existante. Au contraire c'est l'âme elle-même qui les fait pousser " en corps " pour atteindre sa fin. Or les organes des sens, de soi, sont ordonnés à la connaissance. Qui pourrait en douter ? A Saint Augustin qui les interroge sur la part qu'ils ont dans la connaissance et qui les invite à répondre, voici ce qu'ils disent : les yeux disent : " si les choses ont une couleur, c'est nous qui avons apporté ces messages ". Les oreilles disent : " Si elles sont sonores, c'est de nous que viennent leurs révélations ". Les narines disent : " Si elles sont odorantes, c'est par nous qu'elles ont passé " (12).

Cette présentation dramatique, qui est bien dans la manière d'Augustin, dit on ne peut plus clairement la raison d'être des organes des sens. L'âme les a fait *sortir* d'elle-même comme ses instruments de préhension. Par eux elle s'ordonne à capter la riche prébende préparée pour elle dans le monde.

* * *

Pour exemple relevons ces lignes de Paul Claudel décrivant selon cette perspective l'organe de l'oeil : " Cette espèce de bourgeon translucide, par ces deux globes remplis d'appareils exquis dont il s'est rempli la double caverne du crâne et qu'il s'est arrangé la faculté de promener dans toutes les directions, ce double soleil réceptif par lequel il communie avec tout ce qui au-dehors est lumière. C'est comme si le besoin de voir avait fait l'oeil, l'oeil la face, la face la tête, la tête ce cou flexible " (13).

Si pour chacun des organes des sens on répétait de semblables descriptions, on réaliserait ce qu'il y a de justesse à dire avec Aristote : " Le corps *tout entier* existe pour l'âme " (14). On réaliserait aussi combien il est faux de dire, par exemple, que " l'âme est *dans* le corps, comme si elle s'y trouvait emprisonnée par lui ". Non, le corps ne lui est nullement obstacle, mais " outil " indispensable.

Il faut dire plus encore. C'est pour s'assurer un accueil plus total des choses que l'âme œuvre à l'intérieur du corps en faisant " pousser " le cerveau. Dans cet organe d'une incroyable complexité elle détermine des zones qui serviront à l'exercice des sens internes : le sens commun, l'imagination, la mémoire. Ces aires cérébrales ont, en effet, pour office d'affiner encore les données des sens externes, de les unifier, de les mettre en rapport avec d'autres données réparties dans l'espace et le temps. Tout cela en vue de retenir plus vastement et plus longuement le " cher univers ", non plus seulement dans " nos mains connaissantes ", mais à l'intérieur même du corps, dans les " vastes palais de l'imagination et les entrepôts de la mémoire ".

Chapitre V

LE " SENS COMMUN " INTRODUIT LES DONNÉES DES SENS EXTERNES PLUS PROFONDÉMENT DANS LA CONSCIENCE

> *" Les sens ont une valeur spéculative obscure "*
>
> (Jacques Maritain)

Tout, dans les parties d'une plante : racines, tige, feuilles, tout s'explique par la fleur et le fruit, qu'elles travaillent à former. La fleur et le fruit sont les vraies causes du travail fourni par la graine. Il faut en dire autant de l'âme de l'homme en genèse de son corps. Si l'âme se donne les organes des cinq sens externes, c'est afin de parvenir à la connaissance. La connaissance, J. Maritain l'appelle : " la floraison de mon être en la fleur de tout ce qui est " (15).

L'entrée des choses, avec leurs qualités sensibles et leurs figures, dans la conscience représente la première étape vers cette " floraison spirituelle ". Parlons maintenant de l'étape suivante. Celle où l'âme humaine construit, mais à l'intérieur de son corps, l'organe du cerveau. Dans le cerveau elle crée les zones de réception destinées à *" intérioriser "* les données des sens externes. Une planche anatomique du cerveau humain montre les localisations de trois sens internes : le sens commun, l'imagination, la mémoire. A travers ces trois facultés les données sensibles reçues de l'extérieur reçoivent une élaboration. Elaboration qui prépare l'objet sensible pour une lecture de ce réel par l'intelligence.

* * *

Nous parlerons d'abord du sens interne qu'Aristote appelle : *"le sens commun"*. Il ne faut pas prendre cette expression pour : le *bon sens*. Afin d'éviter cette équivoque les modernes l'appellent la *"gnosie"*. Il s'agit d'un sens interne parce que lié à une aire cérébrale cette fois.

Vers ce premier des sens internes convergent toutes les sensations pour une synthèse. Aristote avait déjà repéré cette faculté d'intégration sur la base d'expériences très simples : si au moment de la vision de la couleur jaune du citron surgit automatiquement en moi le souvenir de son acidité, cela même implique que ces deux données sensibles aient été au préalable réunies dans un même sens qui ne peut être qu'interne. L'âme construit dans le cerveau un instrument qui a pour office de collecter et d'intégrer la multiplicité des informations *de soi* disparates. *De soi,* en effet, couleurs, odeurs, saveurs ne se recoupent pas, même s'opposent. Une partie du cerveau, construite par l'âme, reçoit une faculté unifiante qui forme de toutes ces données un seul et même objet.

* * *

Cette fonction d'unification a une grande portée. Le sens commun qui l'exerce procure à l'objet des sens une constance propre au plan de la sensibilité. Les diverses impressions, couleurs, saveurs, odeurs étant polarisées vers un seul et même objet cessent d'être purement " subjectives ". Ce que la sensibilité connaît alors est comme l'esquisse de ce que l'intelligence appellera *" l'être "* de la chose.

Commence aussi pour le sujet connaissant le début d'une conscience de soi. Grâce à ce sens interne le connaissant éprouve qu'il voit, qu'il entend, qu'il sent. Ce n'est pas encore formellement une " conscience de soi ", mais de la conscience de nos opérations en tant que nôtres. Il est impossible à un sens externe, lié à un organe, de se réfléchir sur soi. Mais le sens commun en accueillant les objets des sens externes, et les sensations, les connaît comme étant siennes.

* * *

Le " sens commun " exerce donc deux fonctions typiques. Des données sensorielles foisonnantes il fonde la cohésion en un seul et même objet, malgré leur disparité. D'autre part, en face de cet objet il contribue à une conscience en soi comme " adombrée ". Ces deux fonctions font accomplir à l'âme un pas décisif vers un acte de connaissance parfaite. Elle se prépare au plan de la sensibilité à accueillir les choses dans leur consistance propre, et donc à leur laisser leur indépendance objective. Elle se prépare ainsi à accueillir l'être même des choses en les laissant être ce qu'elles sont. C'est alors qu'on pourra dire en toute vérité qu'en cette connaissance elle réalise sa floraison spécifique : " floraison en la fleur de tout ce qui est ". C'est dans le sens commun que se révèle d'abord la valeur spéculative obscure des sens.

Chapitre VI

SUR LE CHEMIN DE LA SENSIBILITÉ A L'ESPRIT IL Y A L'IMAGINATION QUI PARTICIPE DES DEUX

> *" L'imagination est l'oeil de l'âme "*
> (J. Joubert)

La connaissance de toutes les choses est recherchée par l'âme humaine comme la graine recherche sa fleur. Ce vers quoi tend l'âme, le contemplatif philosophe la nomme : *"La Rose universelle "*. Et c'est bien vrai que parmi les animaux, l'homme se caractérise par la faculté d'accueillir en son esprit une quantité illimitée d'objets. Cette faculté quasi infinie d'ouverture pour une part, l'imagination la pourvoit de son mieux.

* * *

Le pouvoir merveilleux de l'imagination est de rendre à nouveau présents à la conscience des objets en l'absence physique des choses. Saint Augustin enregistre avec enthou-

siasme cet immense trésor sur lequel l'imagination veille :
" Là se trouvent des images innombrables véhiculées par les perceptions de toutes sortes " (16).

* * *

En plus de sa faculté de conservation des formes, ce qu'il faut admirer c'est l'extraordinaire spontanéité de l'imagination. Grâce à elle il est possible de contempler à nouveau un nombre indéfini de choses qui, sans elle, auraient sombré à jamais dans l'inconscient. Saint Augustin, toujours au sujet de la vie de la conscience imageante, écrit : " J'ai beau être dans les ténèbres et le silence, je peux à mon gré me représenter les couleurs par la mémoire, distinguer le blanc du noir et toutes les autres couleurs les unes des autres... Les impressions introduites et amassées en moi par les autres sens, je les évoque comme il me plaît; je discerne le parfum du lis de celui des violettes, sans humer aucune fleur; je peux préférer le miel au vin cuit, le poli au rugueux, sans rien goûter, ni rien toucher " (17). Tout cela suppose que nous ayons non seulement des images visuelles, mais aussi olfactives, gustatives, tactiles.

* * *

Ce qu'une fois de plus il faut souligner, c'est le caractère *" intentionnel des images "*. Par ce terme " intentionnel ", on évoque la nature *" réaliste "* de l'image. Quand le connaissant produit une image, dans le but de représenter une chose absente, ce n'est pas l'image comme telle qu'il voit, mais la chose rendue présente. Ce ne sont pas les images des choses que l'on connaît, mais les choses en images. Les images s'effacent devant l'objet. Elles mettent la conscience en rapport immédiat avec les choses elles-mêmes.

L'image donne à la chose de revêtir un *nouveau mode d'existence*. Et à cause de cela le connaissant n'a pas besoin de sortir spatialement de lui-même dans le monde externe. C'est plutôt le monde extérieur qui tout à coup est présent dans l'âme, mais non sans qu'elle lui ait donné une nouvelle existence. Les êtres qui existaient hors d'elle, elle les appelle en elle : " C'est là que j'ai à mes ordres le ciel, la terre, la mer et toutes les sensations que j'ai pu en éprouver, sauf celles que j'ai oubliées. Et comment pourrais-je en parler si les montagnes, les vagues, les fleuves, les astres que j'ai vus, cet océan, je ne le voyais intérieurement dans ma mémoire avec les dimensions que percevaient mes yeux au-dehors " (18). On aura remarqué en ce texte la dialectique du " dedans " et du " dehors " qu'utilise Augustin pour dire le mystère de la conscience imageante.

* * *

Avec cette vitalité psychique, sa spontanéité stupéfiante et son intentionnalité, l'imagination s'approche de l'esprit. En un quart de seconde j'ai Paris en moi, j'ai ma mère en moi, elle qui pourtant a quitté ce monde il y a plus de trente ans ! Mais pourtant l'imagination a besoin du corps. C'est pour se doter d'une telle puissance de connaissance que l'âme a construit, cette fois dans le cerveau lui-même, des instruments physiques d'une délicatesse extrême : " Ces images cérébrales dépassent largement les seules zones de réception sensorielle et concernent une immense étendue du cerveau " (19). Une fois de plus il faut dire : "L'âme humaine a besoin du corps ". C'est avec lui et par lui qu'elle accomplit des merveilles !

Chapitre VII

GRACE A LA MÉMOIRE L'AME HUMAINE COMMENCE A RESPIRER AU-DESSUS DU TEMPS

> *"En moi-même je vois tout le passé grandir"*
>
> (Apollinaire)

Avec l'imagination une autre faculté interne collabore et grâce à elle la connaissance s'affermit. On veut parler maintenant de la mémoire. Devant la foule des objets que l'imagination ressuscite grâce à la mémoire, le sujet de la connaissance se pose et grandit.

Le fleuve immense des sensations et des images ne se perd pas complètement dans l'inconscient. Même si le plus grand nombre des objets connus ne remonteront jamais à la conscience, la mémoire peut, de ce gouffre, tirer un nombre considérable d'entre eux. La mémoire a le pouvoir de les désancrer du sable de l'oubli et de les pousser à la surface. Elle crée encore entre eux des continuités, des ensembles qui constituent ce que Bergson appelait *"la durée"*. La durée, à ses yeux, était comme l'ombre portée de l'être à travers le temps de l'âme.

* * *

Arrêtons-nous pour contempler ce " miraculeux " pouvoir de l'âme humaine : pouvoir de récupérer des pans entiers de notre vie, de les faire exister à nouveau, non certes selon leur être de nature, mais selon cette existence qu'on a appelée " intentionnelle ". Le passé qu'on pensait à jamais enfoui, le voici rendu présent dans cette existence " immatérielle".

De plus l'acte de mémoire octroie au connaissant de " se voir lui-même " dans le passé dont les images remontent à la conscience. Le retour du passé par les images est la condition de l'acte de mémoire, mais la mémoire formellement introduit dans cette continuité psychique la structure de relations selon l'avant et l'après. L'objet propre de la mémoire, c'est le temps avec sa structure ternaire : le passé, le présent, l'avenir. Mais c'est le passé comme tel que la mémoire enregistre.

" En moi-même je vois tout le passé grandir ". Grâce à la mémoire je puis dire : il y a huit ans je m'en allai à l'île de La Réunion pour une tâche d'enseignement. Mais auparavant j'avais déjà accompli une même tâche pendant trente ans dans un lycée en Suisse. Saint Thomas d'Aquin le note avec précision : l'office de la mémoire est " sentire tempus ". Ce qu'on peut traduire " Avoir la sensation interne du temps".

* * *

Opérer des continuités au sein des actions passées, créer par conséquent une durée, construire un tout, tel est le premier office de la mémoire. Et ce faisant la mémoire collabore à la création du *" moi psychologique" :* " Dans l'immense palais de ma mémoire c'est là que je me rencontre moi-même, que je me souviens de moi-même, de ce que j'ai fait, du moment et de l'endroit où *je* l'ai fait, des dispositions affectives où *je* me trouvais, en le faisant " (20). Et c'est bien vrai que je ne puis récupérer des actes de ma vie passée, sans me voir impliqué en eux.

Me souvenir de mes actions passées, c'est *" me "* voir en train d'enseigner, d'escalader des montagnes, de survoler des océans. La continuité de ma vie recueillie par une séquence d'images se double nécessairement de la continuité de *" mon "* existence, et donc de " moi-même " : " Je me rencontre moi-même ", disait Saint Augustin. Sans la mémoire je n'aurais qu'une existence instantanée, ponctuelle. Elle serait tout proche du néant pour moi, dépourvue qu'elle serait de continuité, de permanence. La mémoire rassemble, sous la lumière de la conscience, l'identité de mon être. Je m'aperçois que je suis une totalité successive. La mémoire est donc l'instrument privilégié de la conscience de soi. Une connaissance purement instantanée, faite de flasch de conscience seulement, toucherait à l'inconscience.

* * *

La mémoire pose ainsi le connaissant comme sujet face à l'objet. On le sait, sans ce double pôle : objet - sujet, il n'y a pas de connaissance. Mais ici encore il faut souligner que pour que l'acte de mémoire s'accomplisse, il faut des conditions physiologiques qui interviennent. Même si la question des localisations cérébrales demeure ouverte quant aux zones à déterminer. Et ce qui est localisé, c'est l'organe ; l'acte de connaissance lui est purement psychique. Seulement le cerveau, il faut l'affirmer, est certainement la condition de la connaissance sensible externe et aussi de la connaissance sensible interne. L'on retrouve encore cette vérité qui soustend l'exposé de notre première partie : *" Le corps est l'œuvre de l'âme "*.

* * *

En terminant ce chapitre, nous insistons afin que l'on comprenne exactement le rôle de la mémoire. Il ne faut jamais perdre de vue que cette faculté ne conserve le passé que comme objet de connaissance. <u>Par elle le passé est rendu présent, certes,</u> mais selon l'existence intentionnelle. C'est vrai aussi qu'en raison de cette existence-là c'est le passé lui-même qui est connu, et non l'image du passé comme image. Mais cela n'ôte pas le fait que le passé dans sa réalité physique, matérielle, n'existe plus. Et voilà pourquoi on peut dire que grâce à la mémoire il est donné à l'homme d'être non seulement ce qu'il est, mais encore ce qu'il n'est plus !

CONCLUSION
DE LA PREMIÈRE PARTIE

Afin de pénétrer quelque peu dans le mystère de l'âme humaine, nous avons commencé par considérer son tout premier travail. Nous l'avons contemplée à l'œuvre quand, pour ses opérations futures, elle construit ses propres instruments, c'est-à-dire ses organes. Nous avons surtout contemplé ceux qu'elle prépare pour son activité la plus spécifique : *la connaissance*.

Il faudrait pouvoir suivre longuement, comme fait le physiologiste, le travail intelligent de la nature : polissage de la lentille de l'oeil, édification d'une chambre noire photographique, creusage et formation dans les os de cavités pour l'oreille, le nez, la bouche. Qui ne voit qu'alors le principe interne du vivant humain se trouve, d'ailleurs comme la fleur et l'oiseau, sous la direction d'une *" idée fabricatrice "*. Claude Bernard, en tout cas, des siècles après Aristote, a repris cette même appellation : *idée directrice, entéléchie.*

Mais ce même principe vital n'est pas seulement le fabricateur de ses propres instruments. En plus il est doté du pouvoir de les exercer. Et c'est sous cet angle précis qu'il a droit à être appelé aussi " âme ". On veut par là indiquer que l'*idée* du corps, que ce principe constructeur insuffle à ses organes, c'est-à-dire les organes des sens externes et internes, le pouvoir de capter les qualités sensibles, les figures que le corps de la nature leur offre à l'infini. L'âme humaine pourrait emprunter la parole du poète, et dire avec lui :

 "J'ai tendu l'immense rets de ma connaissance, comme la phase qui prend aux cuivres gagne le bois et progressivement envahit les profondeurs de l'orchestre" (21).

DEUXIÈME PARTIE

L'HOMME :
SA VIE INTELLECTUELLE

*" L'intelligence, douceur essentielle,
respecte les êtres absolument "*
(Un Chartreux)

Chapitre I

LA FACULTÉ DE L'INVISIBLE

> *" Si la rosée rutile dans le soleil combien plus l'escarboucle humaine et l'âme substantielle dans le rayon intelligible "*
> (Paul Claudel)

Les organes des sens externes et internes, dont l'âme humaine constitue son corps, ont la fonction de recueillir l'infinie richesse des qualités sensibles qu'offrent les choses de la nature. Mais ce qu'ils connaissent en elles n'est qu'une part seulement. En plus des objets sensibles un objet plus précieux encore reste à capter. Mais pour cela il faut une autre faculté que les sens. Cette autre faculté reçoit le nom d'intelligence. C'est d'elle qu'il faut maintenant parler.

* * *

" Intelligence ", c'est un terme composé de deux mots latins : *intus* - qui veut dire : *" à l'intérieur "* et legere, qui signifie *" cueillir "* et en deuxième rang : *" lire "*. Donner à une

faculté de connaissance le nom d'intelligence, c'est dire implicitement que dans les choses que les sens présentent à la conscience il y a un *" intérieur "* qu'ils ne saisissent pas. Et puisque cet objet seul l'intelligence peut le comprendre il reçoit le nom d'*intelligible.* Comment en parler ?

On peut dire ce qu'est l'intelligible en réfléchissant sur la question même qui est posée à propos de ce que les sens fournissent à l'âme. Question toujours la même que tout homme et à tout âge pose aux données des sens. Sur ce que les sens captent dans les choses, l'intelligence demande, en effet : *" Qu'est-ce que c'est ? "*.

* * *

Une telle question n'implique-t-elle pas qu'en toute chose de la nature, en plus de ce que les sens connaissent, il reste encore un inconnu ? Autrement une telle question : " Qu'est-ce que c'est " serait absurde. La question révèle qu'en plus des sens il y a dans l'âme humaine une faculté dont c'est le propre de rechercher cet inconnu. Mais d'abord arrêtons-nous sur la question en elle-même.

" Questionner " vient du latin *" quaerere ".* Ce verbe en latin signifie : *" rechercher ".* Si l'âme humaine recherche dans les choses un objet à connaître que les sens ne lui ont pas livré, c'est donc que cet objet fait face à une autre faculté, et comme il est caché aux sens, cet objet est à *" l'intérieur "* dans la chose. C'est à bon droit qu'il est appelé *" intelligible "* et que la faculté qui le recherche porte le nom d' *" intelligence ".* Notons tout de suite que cet objet doit avoir une grande amplitude, puisque la question *" Qu'est-ce que c'est ",* on la pose à propos de toutes choses.

CHAPITRE II

L'INTELLIGENCE ET SON DOMAINE CACHÉ

> *"Comme il y a des aveugles de la couleur... il y a des aveugles de l'être"*
>
> (MARTIN HEIDEGGER)

[annotation manuscrite : "Sie haben Ohren, und hören nicht, Augen, um zu schauen und sehen doch nicht"]

Pour approfondir encore cet objet que l'intelligence recherche dans les choses sensibles, nous proposons ce chemin à suivre :

Sur tout ce que les sens présentent, une question invariablement est posée : *"Qu'est-ce que c'est ?"*. Il faut donc bien qu'il y ait autre chose à connaître dans ce qui pourtant entre en nous par les sens. Cette question, la première de toutes, sans cesse répétée, il faut non seulement l'évoquer, il faut la creuser, la scruter.

En posant la question : *"Qu'est-ce que c'est"*, l'intelligence révèle qu'elle voit d'emblée un objet pour elle dans le donné sensible lui-même. Elle l'a donc entrevu cet objet, mais elle ne peut le pénétrer en une fois. Elle l'a appréhendé ; elle ne l'a pas *compris*. Elle cherche à le " cueillir " cet objet qui est pour elle. C'est le deuxième sens du mot : *"intelligence" :* aller jusqu'à l'intérieur de son objet propre. En posant et reposant encore sa question, l'intelligence aimerait le prendre tout entier en elle !

* * *

A cet objet qui est pour elle peut-on donner son nom ? Certainement ! Ce nom on le dit dans la question elle-même. Dans cette question n'y a-t-il pas deux fois le verbe : " être ". Poser la question : *" Qu'est-ce que c'est ",* c'est avouer en quelque sorte qu'en toute chose sensible l'intelligence cherche *" l'être ".* Or rechercher l'être dans une chose de la nature, c'est rechercher *" ce qui tient ensemble "* les organes d'une chose et qui cause ses actions propres et ses qualités. Rechercher l'être d'une fleur, c'est rechercher la raison qui, en elle, fait que racines, tige, feuilles, fleurs et ses opérations spécifiques, tout cela " tient ensemble " dans une profonde unité. L'intelligence voit d'emblée qu'il y a, en une marguerite par exemple, un principe unificateur à *l'intérieur* de ce qu'elle présente aux sens.

* * *

On se souvient qu'au Ier chapitre de la Ire partie on a dû reconnaître qu'à l'intérieur d'un corps en formation il y a une *" idée directrice ".* C'est elle qui est la raison de l'édifice de tout corps vivant : plante, animal, homme. Or, ce principe " intérieur ", Claude Bernard l'a appelé : *" un guide invisible ".* Invisible pour qui ? Bien sûr invisible aux sens ; même aux sens utilisant les instruments les plus raffinés d'expérimentation. C'est donc ce " guide invisible ", c'est " l'idée directrice " dont l'intelligence voit d'emblée l'existence, mais dont elle aimerait encore pénétrer la nature.

L'être des choses ? Il se montre et il se cache en même temps. Nous pouvons sur ce point reprendre le vocabulaire heideggerien (22) : l'être est ce qu'il y a de plus proche. Il est là sous nos yeux, à nos oreilles, sous la main. Et pourtant il est le plus lointain. L'intelligence le voit d'emblée, mais elle aimerait pouvoir " l'attraper " cet invisible aux sens, mais qui se cache encore pour elle aussi partiellement. En posant à toute chose la question : *" qu'est-ce que c'est ",* l'intelligence révèle que *l'être* des choses sensibles est son objet propre.

Chapitre III

L'INTELLIGENCE, DOUCEUR ESSENTIELLE

> *" L'eau appréhende l'eau, l'esprit odore l'essence "*
>
> (Paul Claudel)

L'intelligence recherche l'être des choses. Le philosophe emploie aussi l'expression : " L'intelligence recherche les *essences* ". Pourquoi ce vocabulaire ? Pour le comprendre il faut une nouvelle fois recourir à l'étymologie. *" Essence "* vient du latin : " esse " qui signifie *exister*. Dans le terme essence, l'oreille perçoit le terme : esse. Chercher l'*essence* des choses, c'est rechercher la raison de leur existence. Cette raison c'est précisément *" l'idée directrice "* dont nous avons parlé au chapitre précédent. Trouver l'idée directrice d'une chose, c'est dire pourquoi elle existe comme elle existe.

La raison d'exister, voilà bien ce dont aucun des sens ne se préoccupe. Les sens enregistrent les faits. Mais ils sont bien incapables de saisir en eux un droit à l'existence. Le droit pour une chose à exister, sa légitimité devant la raison, autant d'expressions qui montrent où se situe l'intérêt que l'intelligence porte aux réalités sensibles. Rechercher l'essence des choses, c'est chercher ce qui les justifie à se tenir hors du néant et à se tenir en elles. Ce n'est ni les utiliser ni les consommer. Chercher à les connaître en elles-mêmes et pour elles-mêmes, c'est les aimer purement, et leur consacrer de la force et du temps. Un contemplatif dit cela avec un rare bonheur d'expression : " L'intelligence, douceur essentielle, respecte les êtres absolument ".

* * *

Pour mesurer ce qu'il y a d'amour pour les choses en celui qui cherche à comprendre leur essence, il faut lire *"La Nausée" de* Jean-Paul Sartre. Les essences ? Il les méprise, les répudie. Il s'ingénie à les aplatir, à les violer, justement en leur ôtant aux choses toute raison d'être. Le résultat c'est qu'il ose les traiter d' " ignoble marmelade ".

Quel contraste, par exemple, avec l'effort du savant qui s'attache à inventorier les propriétés des corps de la nature. Les propriétés qu'il énumère ne lui livrent pas encore l'essence en elle-même. Mais, comme dit le poète, il l'odore cette essence présente au cœur des propriétés, leur raison d'être justement. Pensons à la longue patience des laboratoires consacrée à observer, à décrire le comportement des corps de la nature.

* * *

On peut en dire autant du peintre et du poète. Par d'autres voies que le savant, eux aussi observent, contemplent les choses du monde sensible. Ce qu'ils cherchent à capter, c'est la saveur d'une essence singulière. En révélant leur analogie, le poète arrive à entrer dans sa profondeur. Ecoutons le poète parler du cyprès :

"Tel un berger dans la brume
Qui compte et compte encore ses brebis
L'angoisse au cœur
Sous sa cape étroite " (23).

* * *

Poètes et peintres se tiennent à l'affût devant les choses attendant que vienne leur proie ! R.-M. Rilke, dans un long poème de vingt-quatre strophes, chante le mystère de la rose, de son parfum subtil comme l'esprit :

"Dis-moi, rose, d'où vient
qu'en toi-même enclose
ta <u>lente essence</u> impose
à cet espace en prose
tous ces transports aériens ? " (24).

Spontanément dans ces vers, on l'aura remarqué, le poète adopte le vocabulaire même du philosophe : " la lente essence " de la rose !

CHAPITRE IV

" FLEURIR EN LA FLEUR DE TOUT CE QUI EST "

> *" Comme la lumière pour l'oeil, et le son pour l'oreille,*
> *Ainsi, toute chose pour l'analyse de l'intelligence "*
>
> (PAUL CLAUDEL)

Arrivé à ce point dans notre exposé, il sera bon de faire ressortir les étapes de la marche de la pensée.

Nous avons entrepris de pénétrer dans le mystère de l'âme humaine. Comment s'y prendre ? Il faut pour cela, croyons-nous, la contempler d'abord en son tout premier travail, c'est-à-dire quand elle construit son corps. Pourquoi commence-t-elle par se constituer un faisceau d'organes ? Pourquoi des yeux, des oreilles, un nez, une bouche ? Il est clair que ce sont là des instruments destinés à saisir le riche butin des qualités qu'offrent les corps de la nature. C'est bien à cette fin que l'âme dispose ces organes à la surface du corps. Puis elle construit le cerveau à l'intérieur où les données des sens externes sont reprises et réélaborées par l'imagination et la mémoire.

* * *

Or force est de le constater : les sens externes et internes n'épuisent pas tout ce qui, dans les choses, est à connaître. La preuve nous la découvrons dans ce fait que les données des sens laissent l'intelligence sur sa faim. Pourquoi autrement aurait-elle le besoin de poser la question : " Qu'est-ce que c'est " ? N'est-ce pas là le signe que dans les données des sens il reste un objet à connaître que les sens ne peuvent révéler ? Quel est donc cet objet ?

Cet objet, que l'intelligence demande à connaître, elle en formule la nature dans la question elle-même. Deux fois, en effet, le verbe " être " y est énoncé. Or, étymologiquement considéré le verbe " être " signifie exactement : *" se tenir en soi-même "*, c'est pourquoi on peut poser la question en ces autres termes : " Cette jacinthe qui se tient devant moi, comment peut-elle " se tenir " en soi-même ? ". Ce que l'intelligence recherche, c'est l'idée architecturale qui œuvre en elle. Ce qu'elle désire connaître c'est l'essence ; c'est ce qui lui donne le droit d'exister.

" L'intelligence odore l'essence ", disait Paul Claudel. Elle est avide de cueillir cette " escarboucle de lumière " qui l'attire au fond des choses. Il n'y a qu'un contemplatif qui soit capable d'éprouver jusqu'au fond de l'âme un " enthousiasme silencieux " devant la passion de l'intelligence : " L'intelligence s'éveille le jour où elle se demande ce que c'est qu'être. Elle se pose cette seule question. Elle trouve la réponse au plus pur, au plus immédiat d'elle-même. Elle s'aperçoit qu'elle sait une seule chose. Par nature l'intelligence ne connaît rien si ce n'est sous la raison d'être et ce qui de soi a rapport avec l'être. Et dans la simplicité de ce point sur lequel, comme sur un rubis invisible, elle pèse les univers, elle peut apercevoir déjà l'unité divine dont la vision lui est promise ".

* * *

L'intelligence est donc faite pour connaître l'être. Or l'être est bien ce qui appartient fondamentalement à toutes choses. Oui, c'est bien pour pouvoir capter cet " intelligible " que l'âme a œuvré pour se donner le corps qu'elle possède et par là de pouvoir un jour : " fleurir en la fleur de tout ce qui est ".

Chapitre V

« UNE LUMIÈRE DÉRIVÉE DU SOLEIL SUPRÊME »

> *« Il y a bien chez le poète une sorte d'énergie spirituelle de nature spéciale »*
> (Paul Valéry)

Il y a dans l'homme une faculté de connaissance qui le sépare absolument des animaux. Le donné que l'intelligence va chercher dans les sens est invisible aux sens. Mais pourtant Aristote le dit avec netteté : « c'est dans les formes sensibles que les intelligibles existent » (25). Maintenant la question se pose comment l'âme humaine devient-elle capable d'aller capter l'être au cœur des choses ?

D'abord ce qu'il lui faut c'est une lumière pour l'éclairer. On ne peut voir que dans la lumière : « La couleur n'est pas visible sans le secours de la lumière du soleil. C'est seulement dans sa lumière que la couleur de tout objet est perçue » (26).

* * *

Il faudra donc une lumière aussi pour que l'intelligence puisse voir cette part de connaissable à l'intérieur des choses. Bien sûr cette lumière ne peut être qu'analogue à celle du soleil. C'est une lumière spirituelle, immatérielle. Et c'est de l'âme elle-même qu'elle émane : " Il est nécessaire, remarquait Aristote, qu'on trouve dans l'âme une sorte d'état analogue à la lumière " (27).

A partir de ces réflexions on fera cette analogie : de même que la lumière du soleil donne aux couleurs, jusque là invisibles, d'être perçues, de même la lumière de l'âme donne à l'intelligible, caché aux sens, de se rendre reconnaissable. Cette source de lumière Aristote l'appelle : *" L'intellect agent "* (28). C'est comme un foyer de lumière spirituelle qui irradie de l'âme.

Jacques Maritain a décrit ce soleil intérieur de l'âme en des termes d'une grande sensibilité intérieure : " Nous possédons en nous l' " Intellect Illuminant ", soleil spirituel sans cesse rayonnant qui active toute chose dans l'intelligence et dont la lumière fait surgir toutes nos idées en nous et dont l'énergie pénètre toutes les opérations de notre esprit. Cette source originelle de lumière nous demeure invisible, cachée dans l'inconscient de l'esprit " (29).

C'est donc grâce à cette lumière que l'âme porte en elle-même, lumière toujours activante, que l'intelligible *" rutile "* au fond des choses !

Chapitre VI

L'INTELLIGENCE, COMME LA MAIN, CUEILLE L'ÊTRE AU FOND DES CHOSES

> *" Par l'espace, l'univers me comprend et m'engloutit comme un point : par la pensée je le comprends "*
>
> (Pascal)

L'âme humaine possède le pouvoir de mettre dans la lumière ce qu'il y a de caché dans les choses de la nature. A cette faculté illuminatrice l'âme associe, pour y répondre, la faculté de cueillir ce qu'elle est avide de connaître.

La question qui jaillit de cette faculté : " *Qu'est-ce que c'est ?* " est le signe de l'aspiration foncière qui travaille l'âme de l'homme, le désir de comprendre, de chaque chose, son être, son essence. Pour mesurer ce désir de connaître, il n'est que d'entendre les innombrables et insistantes questions de l'enfant ! A sa naissance l'intelligence est, en lui, comme " une tablette sur laquelle rien encore n'est écrit " (30). Cette comparaison célèbre d'Aristote laisse cependant dans l'ombre un aspect essentiel. Une tablette, vierge de toute écriture, n'est que pure passivité, pure attente. Chez l'enfant l'intelligence est, au contraire, désir constant et véhément de savoir. Elle est en puissance de connaître, mais aussi avide de connaître. L'intellect illuminateur de son rayon intelligible provoque son éveil. Son sommeil vigilant, comme celui de l'épouse du cantique !

* * *

Par les sensations, relayées par l'imagination et la mémoire, comme par des canaux, l'être des choses entre dans l'âme incognito. L'intelligence, en attente de le connaître, le saisit. C'est encore par une comparaison qu'Aristote illustre ce processus : " L'âme connaissante, dit-il, est analogue à la main. De même que la main est instrument des instruments ainsi l'intellect est forme des formes et le sens forme des sensibles " (31).

* * *

Interprétons cette comparaison d'Aristote. Par les sens comme par des instruments, l'âme humaine fait entrer en elle ce qu'il y a de plus profond dans les choses, leur être, disons aussi : l'idée directrice, l'idée formatrice qui les fait se tenir comme elles sont : en forme de marguerite, par exemple, en forme de jonquille. Dans un premier temps ces formes d'être, ces essences, sont vues, mais elles ne sont pas pénétrées. L'intelligence illuminatrice diffuse son rayon de lumière sur le donné sensible, cet objet caché encore est saisi par cette part de l'intelligence qui désire connaître, celle qui pose les questions. Elle agit, en effet, comme une main qui s'approprie un bien. Elle est la main de l'âme. Elle fait entrer en elle *" l'idée "* de la chose, la forme substantielle de la chose. Elle entre dans l'intelligence et devient en elle un germe de lumière. L'intelligence l'enveloppe, en quelque sorte, dans une nouvelle existence. Et de cette façon l'âme humaine s'enrichit de l'être même des choses. Telle est la douceur de cet acte : prendre en soi l'être d'une autre chose en la laissant pourtant être ce qu'elle est en elle-même ! Grâce à cette nouvelle existence, qu'elle donne aux choses en elle, l'âme naît en quelque sorte à ce qui n'est pas elle, "toute compénétrée de cet autre être" (32).

* * *

Quand saint Thomas d'Aquin, le commentateur le plus pénétrant d'Aristote, évoque le mystère de la connaissance, il est pris d'un enthousiasme contenu. Il faut transcrire pour terminer ce qu'il écrit sur l'intelligence : " Grâce à l'intelligence il se passe ceci : que la perfection propriété d'une chose, cette perfection-là, exactement la même se rencontre encore dans une autre. Telle est la perfection du connaissant en tant que tel. En tant qu'il connaît le connu *existe en lui d'une certaine manière...* Et selon ce mode-là de perfection il est possible que dans un seul être particulier, existe la perfection de l'univers tout entier " (33). Oui, l'univers tout entier dans ce " roseau pensant " (34). Oui, en l'homme alors s'accomplit " sa floraison en la fleur de tout ce qui est ".

Chapitre VII

L'INTELLIGENCE DÉCOUVRE L'EXISTENCE

> *" Comme les grands pauvres l'être est caché dans la lumière "*
>
> (Jacques Maritain)

Ce qui a été dit jusqu'ici de la manière dont l'intelligence se sait de l'être dans les choses ne concernait que l'essence, la nature, de cet être. En effet, quand au sujet d'un corps de la nature on demande : " qu'est-ce que c'est ", c'est son *" essence "* que l'on cherche à connaître. Mais quand on répond par exemple : " cet arbre est un chêne ", l'intelligence ne déclare pas seulement la nature de cet arbre, elle déclare aussi qu'il *" existe "*. Elle déclare qu'il se tient au-dessus du néant et en dehors du connaissant.

Entre accomplir un programme de " chêne ", c'est-à-dire pousser conformément à l'idée de chêne, et accomplir l'acte de se tenir hors du néant, il y a une grande différence. Ces deux actes se situent sur des lignes différentes de perfection. Il faut le dire la plupart du temps l'intelligence ne semble pas particulièrement concernée par l'existence. Il y a beaucoup de vrai dans la remarque de Sartre : " A l'ordinaire l'existence se cache. Elle est là autour de nous... On ne peut pas prononcer deux mots sans parler d'elle et finalement on ne la touche jamais " (35).

* * *

Pourtant l'existence, c'est bien ce que contient le verbe *être* au sein d'un jugement. L'existence est aussi entrée d'abord incognito dans l'âme. Les sens ne peuvent pas la voir, pas plus qu'ils ne peuvent voir l'essence. L'existence est entrée mais *" masquée "* en quelque sorte dans le choc que les sens reçoivent dans l'action des corps sur eux. Les sensations sont appelées *" impressions "* parce qu'elles font pression *sur* les sens - *contre* les sens. Mais c'est l'intelligence, qui la reçoit l'existence par le ministère des sens, qui la prononce en elle au sein du jugement : " Cet arbre *est* un chêne".

Seulement il faut bien le reconnaître, si l'existence est énoncée dans tout jugement pourtant la plupart du temps elle n'est pas " *vue* " pour elle-même. Cependant tout est prêt pour qu'une telle intuition se fasse. Qu'un événement survienne qui la mette en relief, alors elle jette l'intelligence dans une expérience proprement métaphysique. " C'est à l'occasion de quelque réalité individuelle, saisie dans sa pure singularité, que l'intuition intellectuelle de l'être se produit " (36). Mais la plupart du temps l'existence est " comme les grands pauvres cachée dans la lumière " (37).

* * *

Il arrive qu'un jour l'intelligence n'est plus comme l'aveugle devant l'existence. Elle voit que l'acte de se tenir au-dessus du néant est chose bien différente que l'acte de réaliser un programme de chêne, ou de rose. Alors elle voit que ces deux actes qui composent l'être le composent selon une diversité innombrable d'espèces et d'individus. Alors s'ouvre pour elle un domaine illimité, infini : " L'essentiel est d'avoir vu que l'existence n'est pas un simple fait empirique, mais une donnée primitive pour l'esprit lui-même et qui lui livre un champ supra-observable infini " (38).

CONCLUSION
DE LA DEUXIÈME PARTIE

" Si tu veux savoir ce qu'est l'âme humaine considères d'abord son corps ". C'était le thème de la première partie de ce livre. Nous avons suivi le conseil de Paul Claudel : " Un bon moyen de connaître l'âme, disait-il, est de regarder le corps et, de nos appareils extérieurs de perception et d'appréhension, conclure aux agents internes qui les utilisent et les dirigent après les avoir construits " (39). L'âme se donne donc à voir d'abord dans et par le corps qu'elle a composé pour l'utiliser à ses propres fins.

Il en est d'ailleurs de même si l'on veut connaître l'âme d'une fleur. Il faut contempler l'énergie vitale qui dresse la marguerite au sommet d'une fine tige verte et lui fait un calice de pure blancheur pour y accueillir l'or éclatant de son cœur. Puis elle s'arrête dans " ce secret qui la tire ". C'est encore vrai pour l'âme du merle. C'est en effet son âme qu'il nous ouvre quand il chante de tout son corps ! " Le merle soudain chanta... J'ai senti immédiatement que son chant l'absorbait tout entier, l'empêchant de rien voir et lui faisant oublier tout au monde. Je me suis dit que, peut-être, en cet instant il fermait les yeux " (40).

***

Ce que notre deuxième partie a cherché à dire c'est ceci : l'âme humaine construit les organes des sens externes et internes pour s'en faire des instruments de connaissance. Dans les formes sensibles apportées par les sens l'intelligence va pouvoir *" lire "* l'être des choses. On a tenté de faire voir comment l'intelligence se sent comme attirée vers quelque chose de plus profond mais qui se trouve dans les qualités sensibles, les figures, les opérations des corps de la nature. Elle *questionne "*, c'est-à-dire qu'elle cherche à se saisir d'un objet qui est pour elle seule !

Il faut reprendre ici la remarque par laquelle Aristote ouvre sa Métaphysique : " Tout homme a par nature le désir de connaître " (41). Connaître et rien de plus ! Connaître en dehors de toute utilité. Et connaît toutes choses. Nous avons repéré ce désir dans la question toujours reprise : " Qu'est-ce que c'est ". L'intelligence y révèle toute sa nature. Et sa nature consiste dans le désir de connaître l'être de toutes choses. Ainsi l'âme humaine se donne les organes des sens externes et internes pour " fleurir en la fleur de tout ce qui est " ! Si l'on interroge l'âme humaine sur sa nature, elle répond : " Je suis en tout homme comme le germe qui avec sa lumière s'efforce pour que toutes choses naissent encore en moi, et que moi aussi je naisse avec elle ". Joubert disait : " L'intelligence est la floraison, le développement complet du germe de la plante humaine " (42).

* * *

" Et moi je dis qu'il n'est rien dans la nature qui soit fait sans dessein et propos à l'homme adressé,
Et comme lumière pour l'oeil et le son pour l'oreille, ainsi toute chose pour l'analyse de l'intelligence " (43).

TROISIÈME PARTIE

L'HOMME :
SA VIE AFFECTIVE

*" Les sens sont des lieux
où l'âme a des plaisirs et des douleurs "*
(J. JOUBERT)

Chapitre I

LE CORPS ET LA VIE AFFECTIVE DE L'AME HUMAINE

> *" La lumière, la reine des couleurs... glisse vers moi, de mille façons, sa caresse... Si elle nous est enlevée, on la désire, on la recherche, et si son absence se prolonge, notre âme est toute triste "*
>
> (Saint Augustin)

Pour comprendre la nature de l'âme humaine, il faut d'abord considérer son corps. L'âme travaille comme la graine. Mais ce ne sont pas des branches et des feuilles qu'elle fait pousser, ce sont ses sens externes et internes. Il est donc juste de dire que la toute première occupation de l'âme humaine est de préparer des instruments de connaissance. C'est là, avons-nous affirmé, sa première finalité.

Dans cette troisième partie, nous voulons montrer que ces mêmes organes, l'âme les fait pousser pour servir aussi sa vie affective. Sur ce point nous rencontrons de nouveau Aristote.

Dans le traité *"De l'Ame"*, il écrit : " Là où il y a sensation, il y a aussi douleur et plaisir, et là où il y a douleur et plaisir il y a nécessairement appétit c'est aussi sur la sphère des sens externes, en effet " (44) que s'éveillent les premières affections de l'âme. Elle se dote d'organes sensoriels pas seulement pour connaître, mais encore pour entrer en relation affective avec les choses.

* * *

A propos de l'affectivité humaine, Aristote fait cette remarque : " Il semble bien que toutes les affections de l'âme soient données avec un corps : le courage, la douceur, la crainte, la pitié, l'audace, et encore la joie, ainsi que l'amour et la haine. En même temps, en effet, que se produisent ces déterminations le corps éprouve une modification " (45). Avec cette déclaration Aristote fonde le traité des passions, comme expressions de l'âme et du corps conjoints. Une douleur transforme un visage. La colère durcit ses traits, les déforme, les colore. Il serait aisé de montrer pour chacune des passions leur accompagnement spécifique. Certains peintres, comme Daumier, ont voué leur art à graver sur le corps les déformations révélatrices des sentiments, des émotions, des passions. Pensons encore à Jérôme Bosch, à son tableau du *"Portement de Croix"*. Si le Christ présente un visage plein d'une douce lumière, ceux qui l'entourent, ses ennemis, portent des faces hideuses, aux rictus sadiques. Pensons aux personnages de Rouault, à leurs bouffissures d'orgueil et de luxure ! Il n'est pas possible d'en douter, c'est pour sa vie affective aussi que l'âme fait pousser des organes sensoriels et se donne le corps qu'elle a.

* * *

La vie affective de l'âme, on la surprend dans ces mouvements à la fois psychiques et physiques. Elle se situe donc, comme disait Montaigne, " à la couture de l'âme et du corps ". Et c'est en raison même de ses retentissements sur le corps, sur ses organes, qu'on peut contempler l'âme humaine dans ses *" passions "*. Pourquoi ce nom ? Le terme *" passion "* a son origine dans le verbe latin " pati " qui signifie : " pâtir, subir ". C'est simultanément et immédiatement que se lèvent une affection de colère et le frémissement du visage. Certains psychologues ont voulu rechercher entre eux une relation de causalité efficiente. Par exemple, la colère serait ressentie d'abord, et recevrait ensuite une " traduction corporelle ". D'autres disent, au contraire, que c'est parce que je frappe que je suis en colère : " Nous sommes affligés parce que nous pleurons, fâchés parce que nous frappons, effrayés parce que nous tremblons " (46). Mais ces théories ne correspondent pas aux faits. Il est bien plus simple de retrouver au plan des passions la distinction aristotélicienne et de dire : les réactions somatiques jouent le rôle de matière, et l'affection psychique, le rôle de forme.

* * *

Ce qui fait naître les passions, c'est le coefficient de bonté ou de nocivité que présentent les choses. A la bonté répond dans l'âme une *" faculté désirante "*, comme l'appelle Aristote. Parce que, devant le bien, l'âme devient fondamentalement *" appétit ", " amour "*. Devant le bien et le mal sensibles l'âme engage, à même le corps, un jeu de mouvements affectifs (47). De toutes les passions sans exception le premier principe est *" l'amour "* (48) ! Mais qu'est-ce que l'*amour* ?

Chapitre II

LA SORTIE DE L'AME VERS LES CHOSES

> *"Vues des anges, les cimes des arbres peut-être sont des racines, buvant les cieux"*
>
> (R.-M. Rilke)

L'amour est un mouvement psychique contraire à celui de la connaissance. On l'a vu, la connaissance fait entrer l'objet connu dans l'âme grâce à une ressemblance. La chose, sous un autre mode d'existence, habite le connaissant et l'enrichit, sans pourtant cesser d'exister encore en dehors de lui. L'amour, lui, fait sortir l'aimant de lui-même vers l'objet aimé. L'aimé habite aussi dans l'aimant, mais sous la forme d'une inclination, d'un poids, qui le portent à rejoindre l'aimé dans la réalité. Il tend à s'unir à l'aimé dans son existence réelle. L'aimant est littéralement *"hors de lui"!*

* * *

Nous suivrons ici les analyses de saint Thomas d'Aquin qui présente l'amour dans l'âme comme un grand astre qu'accompagnent trois satellites.

1) L'amour est précédé d'une connaturalité entre deux êtres. Pour qu'il y ait amour entre deux êtres, il faut que l'un des deux possède un bien dont l'autre est comme séparé. Si la plante *" aime "* l'eau, c'est que l'eau fait partie de son être. La plante est d'abord séparée de l'eau comme de son bien propre. Alors elle tend nécessairement vers elle. Le poète ressent vivement que si un arbre monte vers le ciel, c'est aussi pour y retrouver ce qui lui manque : l'air, le soleil, la pluie. Ils sont faits pour être ensemble. Ainsi du peuplier :

> " Au faîte du silence
> Avide il boit le ciel
> A la source " (49).

* * *

2) L'amour vit ensuite d'une convenance. Parce que deux êtres ont besoin l'un de l'autre, l'amour les met en marche l'un vers l'autre. On dit qu'ils *" se conviennent "*. Il est difficile de trouver les mots justes pour suggérer le dynamisme foncier de l'amour. Ces choses séparées, voilà qu'elles se recherchent. Chacune va vers l'autre. Quelle preuve plus convaincante que la descente de l'acacia ! Avec ses racines, il plonge à plus de trente mètres dans le sol du désert pour y chercher l'eau qui l'attend :

> " Une eau tremblante encore de l'ultime assaut des racines " (50).

* * *

3) L'amour se consomme enfin dans une *complaisance*. Quand l'union recherchée se réalise, l'aimant se repose dans l'aimé. Il y a alors épanouissement, plaisir, plénitude. Regardez le visage de l'enfant qui goûte à un fruit délicieux. Vous contemplez les traits mêmes de l'amour entré en possession de son bien.

> " Pomme replète, poire et banane
> Groseille verte... Voilà qui tout exprime
> Vie et mort dans la bouche... Je me doute.
> Mais lisez-le sur le visage d'un enfant
> Quand il y goûte... " (51).

* * *

On le voit, l'amour, premier principe de toutes les passions, naît quand, sur les choses de la nature, le visage du bien apparaît. Le bien, c'est le nom que l'on donne à tout être susceptible de remplir un manque, de répondre à un besoin. Corrélativement se révèle que toute chose est travaillée par l'appétit de ce qui lui convient, comme si avant de le joindre elle était séparée d'elle-même. Comme le remarque J. Maritain : " Ce qui est révélé par là, c'est une nouvelle face de l'être, un nouveau mystère consubstantiel à l'être... Le bien déclare un mérite - une gloire aussi et une joie " (52). Et l'on voit aussi combien l'analyse que saint Thomas fait de l'amour, comme passion de l'âme, est juste. Oui, connaturalité, convenance, complaisance vont toujours de compagnie avec l'amour (53).

CHAPITRE III

LE JEU DES PASSIONS HUMAINES

> *" Mon poids c'est mon amour ; en quelque endroit que je suis emporté, c'est lui qui m'emporte "*
>
> (Saint Augustin)

L'amour instaure entre les êtres un type de relations spécifiques. Saint Augustin le compare à un poids qui incline, qui tire l'aimant vers l'aimé. Ce qui *" emporte "* l'aimant hors de lui-même, c'est le désir de s'unir à l'aimé, dans l'existence réelle. Aucune forme d'être n'existe sans une inclination. C'est à cause de cet amour inscrit dans la nature de chaque chose que chacune se trouve jetée dans l'aventure. Or l'homme, à cause de la richesse de sa nature, se trouve emporté par trois désirs spécifiques fonciers.

En premier lieu il y a l'amour *naturel*. Il est appelé ainsi parce que cette tendance est préinscrite dans sa nature. Et cela joue au plan de toutes les facultés. Il y a un amour naturel dans l'intelligence, par exemple. Aristote le notait disant : " L'homme a *par nature* le désir de connaître " (54). Deuxièmement il y a *l'amour sensible*. C'est une tendance vers une chose dont la bonté a été perçue par l'un des sens. Si je suis né avec l'inclination naturelle à la nourriture, je ne suis pas venu au monde avec l'appétit pour telle marque de chocolat. Cette inclination est née un jour à la suite d'une expérience gustative, enregistrée dans l'imagination ! Enfin il y a chez l'homme un appétit spirituel, un amour qui naît à la suite d'un choix où la raison intervient sous le mode d'une délibération. C'est l'appétit volontaire.

* * *

Nous parlerons dans ce chapitre des mouvements de l'appétit sensible. On appelle les mouvements issus de cet amour des *passions*. L'exercice de la vue, de l'ouïe, de l'odorat, du goût, du toucher, se double d'une impression soit de plaisir, soit de douleur. Alors immédiatement et " impulsivement " naissent en nous des affections sensibles, accompagnées de modifications corporelles subies, c'est-à-dire éprouvées passivement. La colère, par exemple, se double d'un frémissement des muscles, d'une coloration du visage.

Bien que les passions chez nous soient innombrables, il a été possible d'instaurer un ordre dans ce flux. D'abord on les groupe autour de deux axes. Certaines passions concernent le bien sensible, d'autres le mal sensible. C'est une première division. Puis on les classe soit dans la sphère du *" concupiscible "*. On nomme ainsi les passions qui relèvent de l'instinct de plaisir. Soit dans l' *" irascible "*. Ce sont les passions qui relèvent de l'instinct d'agressivité. Voici le tableau des passions ordonnées suivant ces indications :

Les Anciens ont fait le tableau des passions en organisant les mouvements de l'affectivité autour des deux objets de l'appétit : le Bien sensible et le Mal sensible. Suivant les conditions que revêtent le bien et le mal sensibles, nous avons les passions suivantes :

		Concupiscible (libido)	*Irascible* (agressivité)
Par rapport au bien sensible	en soi	Amour	
	absent	Désir	
	absent et difficile à obtenir		Espoir
	absent et impossible à obtenir		Désespoir
	présent	Plaisir	
Par rapport au mal sensible	en soi	Haine	
	absent	Aversion	
	absent mais évitable		Audace
	absent mais inévitable		Peur
	présent et surmontable		Colère
	présent et insurmontable	Tristesse	

On le voit, cette classification fait apparaître dans l'âme humaine, au plan de son affectivité, onze manières typiques de réagir devant le bien sensible et le mal sensible. En chaque cas le mouvement psychique dont l'âme est affectée s'accompagne d'une modification corporelle. Désir, espoir, joie, tristesse se traduisent par des mouvements simultanés dans certaines parties du corps, certains organes. En même temps sont causées des conduites d'approche ou de fuite, d'assaut ou de recul, de repos ou de lutte. Le jeu des passions, on pourrait dire que ce sont les grandes orgues de l'âme humaine interprétant ce qu'éprouvent ses puissances d'aimer. Il est significatif qu'une des formes d'art le plus susceptible d'interpréter, c'est-à-dire de prêter un écho, à une grande passion humaine, ce soit l'opéra. Par les conventions qu'on y accepte, par les airs des chants, la puissance de la musique, la passion s'exprime adéquatement. Mais nous parlons ici d'un mouvement affectif qui revêt une modalité extrême. C'est pourquoi il faut encore parler d'une autre classification.

Chapitre IV

SENTIMENTS, ÉMOTIONS, PASSIONS

Au sujet des mouvements affectifs appelés globalement *"passions"* par les Anciens, les psychologues modernes ont fait des distinctions d'une grande valeur. Ils proposent une autre classification selon les modalités que dans la vie concrète d'un sujet ces mouvements affectifs peuvent revêtir. La joie, la tristesse, l'audace, la crainte peuvent se présenter, en effet, soit comme *"sentiments"* ou encore comme *"émotions"* ou enfin comme " passions " selon un sens nouveau. Ces distinctions vont nous donner d'entrer plus complètement dans le domaine obscur de l'affectivité.

Pour faciliter la compréhension de cette classification, nous énumérons quels sont les critères de classement. Un mouvement affectif est : 1° sous-tendu par la connaissance de l'objet ; 2° il a un accompagnement physiologique ; 3° il commande une conduite à l'égard d'une situation. Suivant la manière dont ces trois éléments constitutifs sont vécus, on se trouve devant un sentiment, ou une émotion, ou une passion.

* * *

A. Le sentiment

Il y a sentiment quand le mouvement affectif est sous-tendu par une connaissance équilibrée de son objet. L'affectivité accorde à la perception une capacité d'attention accrue, une pénétration facilitée. Le sentiment favorise la connaissance. Le sentiment rend clairvoyant. L'affectivité est comme sauvée par la pensée. Son accompagnement physiologique est paisible. Il est comparable au courant d'un fleuve tranquille. De plus, dans l'intime du sujet, il apporte l'équilibre, possession de soi, maîtrise de soi. Il en est de même pour la conduite extérieure, il adapte l'action du sujet aux circonstances changeantes des choses, et aux fluctuations de la sensibilité. Pour le dire en un mot, le sentiment est la justesse d'âme et la maturité affective.

B. L'émotion

L'équilibre qu'apporte toujours avec lui le sentiment se trouve menacé par ces brèves crises de l'affection que sont les émotions. L'émotion est un mouvement affectif intense qui a pour effet de troubler les fonctions mentales. Etre ému, c'est perdre le contrôle de son esprit. " Emotion " vient du latin : ex-movere, qui peut se traduire : sortir de soi, être hors de soi. Dans l'émotion l'esprit s'égare, le jugement est paralysé. De plus l'émotion s'accompagne d'une brusque rupture de l'équilibre corporel : troubles circulatoires et musculaires. Racine décrit parfaitement la déroute intérieure de Phèdre rencontrant Hyppolite, l'objet de son amour fou :

> " Je le vis, je rougis, je pâlis à sa vue,
> Un trouble s'éleva dans mon âme éperdue ;
> Mes yeux ne voyaient plus, je ne pouvais parler ;
> Je sentis tout mon corps et transir et brûler ".

L'émotion détériore enfin le comportement : elle pousse le sujet à faire les gestes contraires à ceux que la situation réclame. Elle cloue sur place quand il faudrait fuir. On tombe évanoui alors qu'il faudrait mobiliser toutes ses énergies. Le vocabulaire employé pour la traduire révèle ce " séisme mental ". On ne parle plus de crainte, mais d'effroi, d'horreur, de panique, d'épouvante.

C. La passion (sens nouveau)

Nous parlons de la passion selon l'acception nouvelle. Alors que l'émotion est une crise soudaine et brève de l'affectivité, la passion est une crise qui s'installe et dure. Crise du sentiment, la passion agit sur les fonctions mentales, d'abord en rétrécissant le champ de la conscience. Le passionné est obsédé et se rend incapable de s'ouvrir vraiment au monde des autres. Fixé sur un objet unique, son esprit perd cette mobilité qui caractérise une conscience libre. Rappelons-nous l'Avare de Molière qui partout et en tout revient sans cesse à son argent. La passion dérègle les sentiments en drainant à son profit toute l'énergie psychique de l'âme. Elle domine, subjugue et finalement tue l'affectivité. Le sujet de la passion ne peut s'adapter à l'éventail de ses multiples devoirs et aux convenances de la vie en société. On le voit, prise dans ce sens la passion est un mal psychologique, même si elle peut devenir aussi, dans certains cas, l'humus sur lequel pousse une grande œuvre artistique.

Chapitre V

LES TONALITÉS AFFECTIVES

> *"Condition de l'homme: inconstance, ennui, inquiétude"*
>
> (Pascal *Pensées,* 127)

Certains sentiments ont fait l'objet, dans la philosophie moderne, d'une analyse nouvelle. La manière dont ils se répandent dans les profondeurs de l'âme les a fait appeler : *"Tonalités affectives"*.

Une tonalité affective est un état fondamental qui procure une coloration à toute la vie d'un homme. Le terme de "tonalité" indique qu'il s'agit d'une imprégnation de l'âme tout entière par un sentiment particulier : joie, tristesse, souci, angoisse. Mais justement il ne s'agit pas d'un sentiment ordinaire. Et d'abord la tonalité affective ne se rapporte pas à un objet déterminé, précis. Il ne renvoie pas à une chose extérieure que l'on pourrait nommer. Si par exemple on demande au sujet pour quoi il est angoissé, il répondra pour "rien". Heidegger, philosophe allemand, qui fonde sa doctrine sur la tonalité de l'angoisse, écrit : " Il n'y a rien de déterminé dans le monde dont l'homme s'angoisse " (55).

* * *

Mais dire que la tonalité affective n'a pas d'objet précis, ce n'est pas dire qu'elle n'en a pas. Son objet exactement c'est *" le monde dans son ensemble "*. C'est à la totalité de l'existant, à la totalité des choses que la tonalité affective se rapporte. Seulement ce rapport est vécu de telle sorte que le connaissant et le connu sont fondus l'un dans l'autre dans une imprégnation mutuelle. " La tonalité affective, écrit encore Heidegger, ne vient ni du *dehors* ni du *dedans,* mais elle monte comme mode de l'être-au-monde de celui-ci même ". La tonalité affective " plonge dans la couche où sujet et objet forment dans l'âme une unité originelle " (56).

* * *

Il y a plus. Les philosophes de l'existence attribuent à l'affectivité ainsi analysée le pouvoir de révéler le mystère de l'être. L'angoisse, par exemple, c'est devant " Rien " qu'elle est ressentie. Mais grâce au " Néant ", qui s'avance alors vers moi, l'étrangeté du monde m'apparaît. Quand tout point d'appui se dérobe, alors seulement je suis dans la condition de " voir " l'existence comme un mystère, une question. Dans le monde des sentiments ordinaires, " l'existence " demeure un fait qui va de soi. Quand, au contraire, la totalité des choses recule dans l'indifférence, quand tout ce qui m'attachait à des choses précises se défait, alors seulement les questions fondamentales se posent à moi.

* * *

Ces réflexions voudraient faire entrevoir comment, chez les philosophes existentialistes, l'affectivité de l'âme humaine touche aux assises mêmes de l'existence. Jusqu'ici la métaphysique était un domaine où l'on ne pouvait entrer que par les voies de la logique et par les concepts. L'expérience de l'angoisse, de l'ennui, de la nausée, du souci est regardée au contraire par ces philosophes comme la seule voie authentique conduisant vraiment jusqu'au cœur même de l'existence et de son mystère. On ne peut nier l'intérêt de ces analyses. Pourtant ce qu'il faut dire, c'est que ces méditations sur ces formes de l'affectivité ne font pas sortir de la psychologie. On a distendu le psychologique en lui faisant " *mimer le métaphysique* " (57).

CONCLUSION
DE LA TROISIÈME PARTIE

Dans cette troisième partie a été mis en évidence un autre aspect de la vie de l'âme humaine. Le corps qu'elle construit en le composant d'organes si délicatement ouvragés n'a pas comme seule finalité : la connaissance. Le vivant doit, en effet, s'approprier des choses, pour sa subsistance, sa croissance d'abord, son maintien. Il doit aussi éloigner de lui les forces qui peuvent le détériorer, et le faire mourir. Ces deux offices s'exercent en faveur de l'âme grâce aux puissances affectives : sentiments, émotions, passions. Ces mouvements psychiques suscitent des conduites que l'âme invente pour réagir à des situations les plus variées et les plus imprévisibles. Ce qui en ce domaine est remarquable, c'est que sentiments, émotions, passions ne commandent pas des comportements sans sculpter, en quelque sorte, les formes de l'appétit dans la matière du corps.

* * *

Il vaut la peine de relever la manière dont l'âme joue de ces modifications corporelles. Saint Thomas d'Aquin a montré qu'elle opère selon une analogie entre l'ordre psychique et l'ordre physique (58). Elle crée entre ces deux ordres des rapports de similitude. Prenons comme exemple : *la peur*. Au plan psychique, la peur consiste dans un mouvement de retrait de l'appétit. La peur provient de ce que l'imagination représente la menace du mal. Mais c'est un mal difficile à repousser. La raison en est que le sujet de ce sentiment manque de force. Et plus ce manque de force est prononcé, plus aussi se rétrécit le champ de son action. Eh bien, c'est cela que l'âme représente à même le corps par la rétraction musculaire et la perte de la vitalité. C'est là l'image projetée sur le corps de ce qui se passe dans l'âme. Ainsi interprétés de tels faits donnent d'entrevoir comment l'âme humaine modèle son corps à sa ressemblance.

* * *

N'est-ce pas grâce à la prise de conscience de ce pouvoir qu'est né l'art de la danse ? Paul Valéry en tout cas inscrit au compte de cet art de révéler " clairement à nos âmes ce que nos corps obscurément accomplissent " (59). Ainsi donc la vie affective sensible et sa traduction sur les organes ont pour but " de faire imaginer des âmes par le moyen des corps " (60).

* * *

Il arrive pourtant en certains cas qu'à la vie affective de l'âme humaine le corps ne participe plus. L'âme s'en évade parfois. Parfois même elle va jusqu'à s'y opposer. On n'a donc pas encore tout dit de la vie affective de l'âme. Il faut maintenant évoquer les actes où la vie affective de l'homme est pleine d'esprit ! Tels sont ses actes libres.

QUATRIÈME PARTIE

L'HOMME : SA LIBERTÉ ET SA SUBJECTIVITÉ

*" Le grand mystère de la liberté personnelle
est que Dieu lui-même fait halte devant elle "*
(EDITH STEIN)

Chapitre I

LA NAISSANCE DE LA VOLONTÉ

> *" Il faut que le bien nous soit montré afin que nous puissions céder à l'inclination qui nous porte vers lui "*
>
> (Louis Lavelle)

Avec la volonté nous passons un seuil de l'affectivité humaine. Il faut citer ici la sentence d'Aristote dans le traité : *" De l'Ame "* : " La volonté prend naissance dans la raison humaine " (61). Ne lâchons pas cette intuition. Ce qu'elle dit est précieux, à savoir que l'intelligence et la volonté sont des facultés étroitement liées. Bien que se rapportant à deux sphères différentes - connaissance et appétit - elles sont pourtant interdépendantes et comme mariées l'une à l'autre. On le verra plus loin, il y a un acte, l'acte libre, qui est le fruit de leur mutuelle involution. Et cet acte pour certains penseurs définit l'homme : *l'homme est liberté.*

Donc Aristote le déclare, la volonté prend naissance au cœur même de l'intelligence. Comment expliquer cette naissance ? En l'homme tout commence par les sens. Cela a été fortement souligné à propos de l'activité de l'intelligence.

Nous ne formons aucune idée sans référence au sens. Il faudra en dire autant en ce qui regarde l'appétit spirituel, la volonté. Avant de faire un acte de volonté, mieux pour pouvoir le faire, l'homme a dû éprouver d'innombrables affections sensibles. Au moment où s'opèrent ces mouvements de l'appétit sensible, il ne faut pas croire que l'intelligence y reste étrangère. Tout ce qui touche les sens, l'intelligence le vit aussi mais à sa manière. Or sa manière propre de réagir à ce qui se passe dans la sphère des sens, c'est de s'en faire des " idées ". Ainsi pendant que les sens sont occupés à voir les couleurs, à sentir le parfum des roses individuelles, il se forme dans l'intelligence l'idée de la rose dans une représentation abstraite et universelle.

* * *

Il faudra dire la même chose à propos des expériences de l'affectivité. Pendant que l'appétit sensible éprouve du plaisir devant tel bien particulier, l'intelligence forme en elle l'idée du bien. Dans cette idée du bien, ce qui est représenté ce n'est plus tel bien particularisé et concret. C'est la totalité du Bien. Un bien à qui rien ne manque ! Pour rendre plus parlante l'évocation de ce Bien, on recourt au mot : *le Bonheur*. Saint Augustin, par exemple dans " les Confessions ", le définit : " Le bonheur n'est-ce pas ce à quoi tous aspirent et que personne ne dédaigne ? " (62). Pascal aussi emploie le mot de *" bonheur "* en faisant ressortir sa transcendance à l'égard de tous les biens particuliers : " Tous les hommes recherchent d'être heureux, cela est sans exception, quelques différents moyens qu'ils y emploient, ils tendent tous vers ce but... La volonté ne fait jamais la moindre démarche que vers cet objet. C'est le motif de toutes les actions de tous les hommes, jusqu'à ceux qui vont se pendre " (63).

* * *

Saint Augustin pose alors la question : " Le bonheur où donc l'ont-ils vu pour l'aimer ? Certainement il est en nous. Mais comment ? Je ne sais pas " (64). Saint Thomas d'Aquin a expliqué comment le bonheur, en effet, est en nous. Expliquant comment c'est l'intelligence qui, à partir de l'expérience des biens sensibles, se forme l'idée du Bien. Mais attention l'appétit est une faculté réaliste, on l'a vu quand on a parlé de l'amour. Ce vers quoi tend l'amour, ce n'est pas une *" idée "*, c'est vers la réalité que l'idée lui présente. Voulant le bonheur, c'est vers une réalité en laquelle réside existentiellement la totalité du Bien, vers un Bien à qui rien ne manque. Alors ce qui naît au cœur de l'intelligence, c'est un appétit nouveau. Et cet appétit s'éveille avec d'autant plus de puissance que le Bien qu'il désire est le plus grand des biens !

Chapitre II

LA LIBERTÉ AU CŒUR DE LA VOLONTÉ

> *" L'affectivité me fait sortir de moi-même au moment où elle me fait entrer le plus profondément au cœur de moi-même "*
>
> (Louis Lavelle)

C'est à cause de l'intelligence que la volonté éclôt dans l'âme humaine. La volonté jaillit comme un appétit nouveau. Cet appétit est spirituel. L'idée du Bien est une représentation qui se forme dans l'esprit et non dans les sens. Le premier acte de la volonté est de solliciter l'intelligence de se mettre en quête de ce Bien. Quelle réalité, quelle chose concrète pourrait combler son désir infini ? Un appétit, en effet, ne se satisfait pas de *" l'idée "* du Bonheur. Ce bonheur, il le veut en chair et en os !

* * *

En raison de son origine dans l'intelligence, la volonté et l'intelligence s'enveloppent dans une commune activité. Le premier fruit de leur collaboration, elles le donnent dans une toute première vérité. C'est un premier principe dans l'ordre de l'action. Il se formule ainsi : *" Le Bonheur voilà ce que je veux"*. Ce jugement-là, c'est clair, ordonne celui qui le prononce à l'action : il lui faut chercher ce bien. Mais il ouvre aussi devant lui un abîme, une béance. Les appétits sensibles se portent, eux, sur des biens délimités, finis, singuliers : sur la nourriture, par exemple, ou sur la reproduction. Mais où se trouvent-elles, les frontières du Bien universel ? En quelles limites enclore le bonheur ? Eh bien, c'est dans le désir d'une amplitude infinie que réside la racine de la liberté. Si la volonté a pour objet un bien à qui rien ne manque dans la ligne du bien et qu'elle y tend nécessairement, elle ne peut tendre nécessairement vers un bien fini, limité, particulier. C'est absence de nécessité intérieure qui s'appelle : la liberté, le libre-arbitre.

* * *

Pourquoi employons-nous ce mot de *liberté* ou de *libre-arbitre ?* L'étymologie nous le dira. *Arbitre* vient du latin *"arbitrium"* qui veut dire : jugement au sens d'arbitrage. *Libre* vient de *"librare"* qui veut dire : *"peser"*. De là vient le mot de : " libra " qui a donné : *la livre,* cette mesure de poids. Si nous demeurons dans l'étymologie *"libre-arbitre",* on interprète ce mot exactement par l'expression : un jugement qui consiste à peser les biens qui se présentent à la volonté. Et à les peser en prenant comme mesure de poids justement : le Bien, l'essence universelle du Bien. Nous venons de le dire, le tout premier jugement de l'appétit volontaire uni à l'intelligence se formule : le Bien, voilà ce que je veux. Ce sera désormais la mesure de poids qui fera balancer la volonté vers n'importe quel bien. Toute chose qui se présentera au vouloir sera pesée au poids du Bien, au poids du Bonheur. Un tel appétit n'accomplit plus *impulsivement* son mouvement vers son objet. Il va délibérer; il va peser les biens. Aristote appelle la volonté, la faculté *" délibérative "* (65).

* * *

La question qui maintenant se pose est celle-ci : " Peut-on dire comment s'opère ce *" pesage "* des biens qui s'offrent à la volonté ? Comment arrête-t-elle son choix ? ".

On a dit que l'intelligence et la volonté sont comme " mariées ". Imaginons entre ces deux facultés le dialogue suivant : à l'intelligence, qui la fait naître avec l'idée du Bien, la volonté demande : " Montre-moi où se trouve, en quelle chose concrète se trouve ce Bien à qui rien ne manque ". Mais en chacun des biens finis, particuliers qu'elle rencontre l'intelligence ne peut pas voir que sa poursuite et sa possession entraînent nécessairement la privation d'autres biens. Ainsi consacrer sa vie à l'étude est chose certainement désirable. Mais je ne peux pas ne pas voir que cela entraîne des renoncements à d'autres biens. Et il en est ainsi pour tout. Même pour Dieu tant que je n'en ai pas la vision ! C'est pourquoi l'intelligence ne peut que répondre à la requête de la volonté : " Devant toutes les choses que je pèse au poids du Bien, je ne puis que dire : " C'est bien mais... ce n'est pas encore le bien ". L'intelligence demeure en balance. Elle ne peut sortir de cette oscillation. Toujours elle revient d'une enquête avec la même réponse : " C'est bien mais... ".

La volonté, avec son appétit de bonheur, ne saurait accepter cette indétermination de l'intelligence. Puisque l'intelligence ne peut arriver à un jugement qui lui présente le Bien, le Bonheur, la volonté elle-même va intervenir. C'est elle, la volonté, qui va mettre tout le poids du Bien, du Bonheur sur une chose particulière. " Elle détermine l'intelligence à dire par exemple : la vie consacrée à l'étude voilà ce qui est bien pour moi ". Voilà en quoi se trouve le bonheur pour moi. En déterminant elle-même l'intelligence à un tel jugement, elle s'auto-détermine. Mais qu'est-ce que la liberté sinon l'auto-détermination de la volonté ?

Chapitre III

LE SENS COMMUN TROUVE LA FORMULE PARFAITE

> *" L'homme ne se définit que par l'Infini "*
> (Dom Jean-Baptiste Porion)

La conclusion de l'analyse sans doute trop technique du chapitre précédent se trouve étonnamment confirmée par l'intuition du sens commun. Que de fois, en effet, n'avons-nous pas entendu cette réflexion : " Il a mis son bonheur dans... ". Le langage populaire dit cela au sujet de quelqu'un qui a choisi un genre de vie particulier, ou qui s'attache avec passion à une chose même futile. Une telle formule renferme une intuition très profonde du pouvoir de la liberté. Et Yves Simon a bien raison d'écrire à propos de cette façon de parler : " Nul philosophe ne pouvait en trouver de plus adéquate. Mettre son bonheur dans un bien particulier, c'est donner à ce bien particulier la quantité de bonté complémentaire dont il a besoin pour se rendre désirable absolument parlant " (66). C'est merveilleux de voir, en une question aussi délicate, s'accorder les données immédiates de la conscience avec les subtilités techniques de la philosophie !

* * *

Il reste pourtant un point qui n'est pas éclairci. Comment se fait-il que l'homme ne voit pas que le bien qu'il a choisi restera pourtant, quoiqu'on fasse, une réalisation particulière, limitée, finie du Bien ? Comment se fait-il que s'y trouve un attrait capable de contrebalancer tout le reste ? Ne faut-il pas conclure que je puis mettre mon bonheur où je veux ? Il faut, à cette question, répondre : " Certainement ". Et ajouter encore avec Yves Simon : " Je puis mettre mon bonheur où je veux parce que je veux être heureux " (67).

Etre libre, c'est donc pour l'âme humaine jouir du privilège de choisir ses fins. Elle peut choisir ses fins parce qu'il est dans sa nature de tendre vers une fin qui se trouve hors du fini. Un contemplatif, qui chérit l'anonymat, a écrit : " La liberté ne se conçoit que comme privilège d'une certitude transcendante : l'homme peut se donner ses moyens et ses fins, parce que sa Fin est hors de doute, hors du fini. S'il est danseur et jongleur parmi les êtres, c'est qu'il frappe sur le sol le plus dur ; c'est en s'appuyant sur une nécessité plus profonde que le moi, plus assurée que son existence, qu'il peut soulever, élever, faire voler toute chose et lui-même ".

Est-il possible de traduire mieux le sentiment qui s'empare de l'âme humaine quand se révèle le privilège d'être libre ? Elle éprouve alors que rien, absolument rien de ce qu'elle rencontre ici-bas n'est capable de la déterminer. Elle fait alors l'expérience qu'elle est esprit. Comment ne s'ennivrerait-elle pas de sa légèreté et de sa pure vacance ? Dans le *" Bateau ivre ",* Rimbaud chante :

" O que ma quille éclate ! O que j'aille à la mer ! ".

Chapitre IV

LIBERTÉ ET SUBJECTIVITÉ

> *" La liberté et la conscience ne font qu'un "*
>
> (Louis Lavelle)

Grâce à ses actes libres, l'homme accède à la subjectivité. C'est là peut-être l'effet le plus précieux de la liberté de choix. On veut dire par là qu'il devient doublement le sujet de ses actions.

Revenons à nos premières années d'école, quand le maître nous apprenait à analyser les propositions. Dans la proposition suivante : *" Cet homme est un enseignant "* on nous disait : " cet homme " c'est, dans cette proposition, le *sujet*. " Un enseignant " recevait le titre *" d'attribut "*. Par le verbe *" est "* on lie l'attribut au sujet. Analyser de cette façon la proposition prise comme exemple, c'est faire apparaître que l'acte d'enseigner *appartient* à cet homme. C'est équivalemment dire qu'il en est la cause. C'est dire que dans l'acte d'exercer cette action, il jouit d'une certaine autonomie, une certaine indépendance. Il y a toute une philosophie implicite dans la grammaire.

* * *

Et bien il faut dire que le sujet qui pose un acte libre le pose en toute indépendance. C'est un acte, on l'a vu, qui a été pesé. Il n'a pas été posé nécessairement. Il s'y est engagé en constituant lui-même les raisons qu'il a, lui, de le poser. Non seulement cet acte lui appartient, mais il sait qu'il lui appartient. C'est cela la *subjectivité*.

* * *

Pour mieux pénétrer ce privilège, comparons l'acte libre de l'homme avec l'acte d'un végétal ou d'un animal. Cette rose, dans mon jardin, se développe, se nourrit, s'organise. Ces actes lui appartiennent. Mais elle ne choisit pas de faire ses actes. Ils lui sont imposés par sa nature, comme d'ailleurs la manière de les exercer. Son programme de vie est tracé d'avance. Ses actes ne lui appartiennent pas complètement. Regardons maintenant une hirondelle qui sillonne le ciel à la recherche de sa nourriture. La plupart des actes qu'elle pose lui sont commandés par sa nature. Mais son vol, par exemple, n'est pas tracé d'avance. Elle invente elle-même, par ses perceptions, elle intériorise les directions sans cesse changeantes de ce vol. Ses actes-là lui appartiennent. Elle a plus d'indépendance dans l'action. Comparé au végétal et à l'animal, l'homme jouit d'une indépendance bien plus grande.

Sans doute l'homme aussi a une Fin qui lui est imposée. Sa volonté tend nécessairement vers le Bien, vers le Bonheur. Mais justement la nature de cette *Fin* est si transcendante à toutes les fins concrètes et particulières, aucune ne s'impose à lui. S'il ne décide pas de sa Fin, il décide de toutes les autres fins. Il se donne le visage qu'il veut : il sera médecin, paysan, prêtre, artiste, etc. Il est clair que pouvoir créer ses fins fait accéder l'homme à une *indépendance nouvelle* dans le registre de l'action. En un sens nouveau, il est "sujet" de ses actions.

* * *

De plus il se connaît comme *sujet* de ses actions. On l'a dit : l'acte libre est le fruit de l'opération conjuguée de l'intelligence et de la volonté. *"La volonté est dans l'intelligence"* disait Aristote. Dès lors, si l'acte libre se forme en elles, il est donc dans l'intelligence, et donc nécessairement connu (68). Ainsi donc dans l'acte libre le sujet qui l'exercera se connaît comme sujet de cet acte. Et c'est cela accéder à la subjectivité.

Louis Lavelle le remarque avec profondeur : " La liberté et la conscience ne font qu'un. Comment serait-on libre, en effet, et privé de conscience ? Et de quoi pourrait-on avoir conscience sinon de l'être qu'on se donne à soi-même, en se séparant du monde, mais en tournant vers le monde une initiative qui nous est propre ? " (69). En définissant la liberté : " avoir conscience de l'être qu'on se donne ", Lavelle trouve une formule qui révèle sa portée métaphysique, mais par là aussi le drame dans lequel l'homme est jeté.

Chapitre V

L'ASPIRATION A DÉPASSER L'HUMAIN

> *" S'il y avait des dieux, comment supporterai-je de n'être pas Dieu ?"*
>
> (F. Nietzche)

L'acte libre éveille dans l'homme la subjectivité, c'est-à-dire une nouvelle indépendance parmi les êtres de la nature. Pouvoir décider de sa propre fin, c'est choisir son visage. C'est n'être plus contraint pour se réaliser de suivre un chemin déjà tracé. Il arrive que l'homme éprouve le privilège d'être le maître de ses actes jusqu'à l'ivresse.

L'indépendance dans le domaine de l'agir est une perfection transcendantale. On veut dire qu'elle n'est enfermée dans aucune catégorie. On la voit déjà apparaître dans le végétal qui, de lui-même, exerce les opérations par lesquelles il se fait. L'indépendance grandit chez l'animal qui, par ses propres perceptions, invente les voies de ses actions. Chez l'homme elle s'affirme encore plus puisque, au lieu de les recevoir d'une nature, il se donne les fins de son agir.

* * *

Une perfection transcendantale par définition (transascendere = monter au-delà) ne peut s'arrêter en chemin dans une catégorie. Elle exige de soi une réalisation absolue. Et cela se vérifie chez l'homme précisément. Dans cette ligne de l'indépendance il aspire à sortir des limites qu'elle rencontre tout de même dans sa condition de créature. L'homme souffre d'une maladie divine !

Qu'on pense à l'athéisme moderne. Feuerbach, par exemple, invite l'homme à récupérer à son profit l'essence divine qu'il a, par faiblesse, projetée dans un autre Etre en dehors de lui. Nietzsche va répétant " l'homme est une chose qui doit être dépassée " (70). Cette aspiration à dépasser l'humain jusqu'à se déifier trouve l'expression la plus véhémente dans Kirillov. Kirillov est un personnage de Dostoievski. Dans le roman : *" Les Démons "* il déclare : " J'ai cherché trois ans l'attribut de ma divinité et je l'ai trouvé ; l'attribut de ma divinité, c'est ma volonté. C'est tout ce par quoi je peux montrer à son point capital mon insubordination et ma terrible liberté " (71).

* * *

La personne humaine connaît donc au fond de sa volonté une aspiration à ne dépendre plus que d'elle-même. Le tourment de Kirillov, on le retrouve dans les recès de toute créature libre. Jamais, autant que dans les pages les plus délirantes des athées modernes, on ne retrouve l'écho des suggestions du serpent de l'origine : " Vous serez comme Dieu ".

* * *

Oui, c'est bien là, dans les profondeurs de la subjectivité humaine, que l'univers de la morale trouve son origine.

Ou bien l'homme consent à cet excès de vouloir être-comme-Dieu. Il se constitue alors le centre de tout jusqu'au mépris de Dieu et nie les droits de son Créateur. Ou bien il accepte de reconnaître qu'il ne s'est pas créé lui-même, que c'est Dieu qui est la subjectivité absolue. Alors, il consent à Lui rapporter toute chose, et son être même.

La volonté jette nécessairement l'homme dans un drame métaphysique, mais elle lui révèle par là même sa grandeur !

CONCLUSION
DE LA QUATRIÈME PARTIE

La liberté de l'âme humaine est sans doute un privilège. Elle est pour l'âme humaine le pouvoir de tenir toutes choses en suspens. Ce pouvoir s'articule sur un jugement qui naît en nous avec le premier acte de l'intelligence. Jugement que l'on peut formuler en ces termes : " Le bonheur, c'est-à-dire, un Bien sans limite, un Bien comblant tous mes appétits, voilà ce que je veux. Nous n'exprimons pas un tel jugement de façon explicite. La plupart du temps nous le portons en nous-mêmes informulé. Nous le portons dans l'Inconscient de l'esprit en source. " Il y a là toute une vie, à la fois intuitive et inexprimée qui précède les explications rationnelles " (72).

Nous descendons ainsi au milieu des choses de ce monde avec une balance dont la mesure est le Bien infini. C'est à cette mesure de poids que toutes les choses sont pesées. On l'a écrit : " L'intelligence est mobile et mobilise les choses parce qu'elle est équilibrée sur un point divin, intérieur, intangible; pour elle comme pour la balance, la liberté c'est la justesse. L'indépendance dominatrice du jugement, qui est la racine de celle du vouloir, suppose un mètre, un acte, un point fixe et secret, qui permet de mesurer, de peser, de faire virer le reste. C'est la simplicité souveraine du critère anonyme qui assure notre franchise à l'égard de tout objet ".

* * *

Le pouvoir de la liberté humaine s'apparente à celui de Dieu. C'est pourquoi la liberté jette l'homme dans le drame d'un choix où nécessairement ces deux libertés s'affrontent, ou bien celle de l'homme consent à se soumettre librement à celle de Dieu, en quoi elle trouve son salut ! Le psalmiste du psaume intitulé : " Munificence du Créateur " s'écrie :

> " Tu as fait l'homme de peu inférieur à un dieu,
> de gloire et de splendeur tu l'as couronné ;
> tu l'as fait dominer sur l'œuvre de tes mains,
> tu as tout mis sous ses pieds " (73).

CINQUIÈME PARTIE

L'HOMME : AME ET ESPRIT

*" Il n'est pas raisonnable d'admettre
que l'intelligence soit mêlée au corps "*
(ARISTOTE)

Chapitre I

L'AME EST LA SUBSTANCE DE L'HOMME

> *" L'homme " éclôt " de son âme, qui forme le centre de son être "*
>
> (Edith Stein)

Depuis le début de ces pages nous parlons de l'âme humaine, architecte de son corps, source de ses facultés de connaissance et d'affectivité. Ces facultés, elle les infuse dans des organes qui leur servent d'instruments. On ne manquera pas de récuser notre méthode. En particulier on nous fera cette critique : " Parler de l'âme d'emblée n'est-ce pas se donner sans preuve ce qui précisément doit d'abord être prouvé ? ". Beaucoup de philosophes pensent en effet qu'on ne saurait en psychologie dépasser l'analyse des fonctions de l'homme. Ils font ce qu'on a appelé : *" une psychologie sans âme "* !

C'est bien vrai que l'âme, on ne la voit pas. Mais on l'entrevoit. On la devine derrière le rideau de ses opérations. C'est vrai que pour l'atteindre vraiment il faut que l'intelligence se construise un pont de lumière, c'est-à-dire des raisonnements. C'est ce que nous allons entreprendre maintenant.

* * *

Revenons donc à ceux qui nient purement et simplement l'existence de l'âme. On ne saurait - c'est leur argument - parler de ce dont on n'a aucune perception externe ou interne. Or l'âme, ni on ne la voit avec les yeux, ni on ne la touche, ni non plus on ne peut se la représenter en image puisqu'on n'a d'image que de ce qu'on a au préalable vu, touché, entendu. Il n'y a pas d'âme, il n'y a que des phénomènes. Il nous faut donc descendre sur le terrain où s'affrontent phénoménistes et substantialistes.

On appelle *" Phénoménisme "* la doctrine qui réduit tout corps, et donc l'homme aussi, aux phénomènes. Expliquons le terme : phénomène. Il vient du grec. Sa racine est *" PHA "*, qui est également la racine de : *" PHOS "*. Or *" PHOS "* veut dire lumière (phosphorescent). Le phénomène est donc ce qui dans une chose : une fleur, un animal, un homme, vient à la lumière. Or ce qui, de l'homme, vient à la lumière de la conscience, ce sont ses opérations connues soit par la perception soit par l'introspection. Dans un homme, disent les phénoménistes, on ne trouve rien d'autre que ses manifestations de consciences. Pour exemple transcrivons la célèbre formule sartrienne : " L'être n'est rien d'autre que la série bien liée de ses manifestations " (74). D'un seul trait de plume il expulse la substance. Elle n'a " *plus droit de cité* ", comme il le dit en philosophie (75). Du même coup l'âme se trouve aussi expulsée. Elle fait partie, avec la substance, des " illusions des arrières-mondes " (76).

* * *

Nous prenons acte de cette affirmation péremptoire, mais pour la critiquer à son tour. Nous ferons à ce sujet deux remarques :

Dire, avec J.-P. Sartre, " l'être n'est rien d'autre que la série bien liée de ses manifestations ", c'est se rendre coupable d'une remarquable pétition de principe. Dans la phrase même par laquelle on bannit la substance on la réintroduit subrepticement. En effet, dire : " l'être n'est rien que la série bien liée de ses manifestations ", c'est dire que les phénomènes sont liés par eux-mêmes. C'est dire que ce qui est lié est en même temps ce qui lie. Et voilà une contradiction ! Et c'est dire que le multiple est cause de l'un. Et voilà une absurdité !

Il faut faire une deuxième remarque : dans " L'Etre et le Néant " où il fait profession de phénoménisme total, Jean-Paul Sartre explique pourquoi il évacue la substance et donc l'âme. La substance serait, selon lui, une réalité déjà toute faite placée *" au-dessous "* des opérations, cachée *" derrière "* les opérations, derrière les manifestations de l'homme. Mais présenter ainsi la substance, c'est la caricaturer afin de pouvoir la nier ! La notion de substance telle qu'Aristote l'a établie est tout autre. On en trouve chez Jacques Maritain une explication parfaite : " Elle est la première racine ontologique d'un chacun dans sa permanente actualité, dans son unité essentielle, dans son irréductible réalité, dans son originalité spécifique et individuelle, si peu vide et si peu inerte qu'elle est la source de toutes les facultés, de toutes les opérations, de toute l'activité et de la causalité du sujet " (77).

* * *

Certes il faut distinguer l'âme et ses facultés et ses opérations. Mais c'est l'âme, parce qu'elle est une et identique à travers le temps, et parce que d'elle émanent toutes les facultés, c'est l'âme qui permet de référer à un unique et même sujet la série des opérations multiples et changeantes. C'est le lien. C'est elle, l'âme une et identique, qui fait que la série des manifestations dont est tissée l'histoire d'un homme se trouve parfaitement unifiée, parfaitement identifiable. Autrement leur attribution à un même et unique sujet, à un même et unique " Je " n'aurait aucun fondement. Elle resterait comme suspendue dans le vide !

* * *

Nous concluons : chaque individu humain est une substance grâce à l'âme. Parce que l'âme est substance. Maintenant qu'on a expliqué son existence, il est possible de descendre jusqu'à elle pour dire son mystère, en particulier sa condition d'esprit.

CHAPITRE II

L'AME HUMAINE EST AUSSI ESPRIT

> *" C'est au plus intime d'elle-même, en son essence ou dans son tréfonds, que l'âme est à proprement parler chez elle "*
> (EDITH STEIN)

On nous accordera que nous avons tenté de faire ressortir en ces pages, surtout dans les Ire et IIe parties, combien intime est dans l'homme l'union du corps et de l'âme. L'âme, disait Aristote, fait un travail d'ingénieur, ajustant des organes à leurs fonctions. Elle fait aussi un travail d'architecte en agençant les organes en un tout, qui est son corps. Il est juste d'appeler l'âme : *forme du corps.* Mais il faut entendre ce terme de " forme " non dans le sens de figure extérieure, mais comme principe interne, dynamique, formateur, plasmateur de la matière. Aristote définit l'âme : " la forme d'un corps naturel ayant la vie en puissance " (78). Ou encore " l'acte premier d'un corps naturel organisé " (79).

* * *

Il nous faut maintenant ajouter : l'âme est plus qu'une " forme qui donne la vie au corps, plus que l'intérieur d'un extérieur " pour parler comme Edith Stein (80).

Lorsque nous considérions l'âme utilisant les organes qu'elle a elle-même montés pour sa vie de connaissance et d'affectivité, nous avons en chacune de ces sphères dépassé le monde sensible. Nous l'avons vu chercher d'autres objets encore que ceux que lui présentent les sens. Nous l'avons vu chercher l'*être* à connaître devant lequel les sens externes et internes sont comme aveugles. L'âme humaine veut savoir plus et demande : *" Qu'est-ce que c'est "*. A cette question les sens ne peuvent plus répondre. Nous l'avons vu de même, dans la sphère affective, rechercher le Bien, l'essence universelle du Bien. A cette quête les sens ne peuvent répondre. Ils n'apportent à l'âme que des biens limités et finis.

Aussi Aristote le remarquait : " Il est une opération qui semble propre à l'âme. C'est l'acte de penser " (81). Nous pouvons ajouter : " et l'acte de vouloir le Bien ". Pour Aristote il y a donc, dans l'homme, des actes dans lesquels l'âme seule agit. *" Le corps n'y participe pas "* (82). Dans de tels actes l'âme sort de son office de forme du corps pour entrer dans la condition d'esprit.

* * *

Il faut le répéter : quand l'âme opère certains actes, penser et vouloir, et que les sens externes et internes ne peuvent avoir été les fourriers de ses objets, l'âme humaine agit comme un esprit. On veut dire par là qu'elle n'est plus dépendante du corps. Or cela se passe vraiment dans tout acte de pensée et de volonté libre. Aristote le remarquait et s'en étonnait : " L'intellect semble bien survenir en nous comme possédant une existence substantielle et n'être pas sujette à la corruption "

(83). Retenons cette sentence. C'est bien sur l'indépendance de l'âme humaine à l'égard de la matière - donc sur son immatérialité comme on le dira - qu'il fonde son immortalité.

* * *

On voit combien il est difficile de parler avec exactitude de l'être de l'homme. C'est bien vrai que l'âme humaine est " la *forme* " de son corps. Comme l'âme de la pervenche est la forme du sien. Pourtant l'âme d'une fleur ou d'un animal ne possède pas pour soi l'existence. Ces âmes, celles des végétaux et des animaux, ne peuvent subsister seules, sans leurs corps. Et ceci parce que de telles âmes exercent toutes leurs opérations en dépendance de leur corps. Au contraire, étant dans certains de ses actes indépendante du corps, l'âme de l'homme peut exister sans son corps. Et pourtant dans un homme il n'y a pas deux substances. Car c'est dans la *nature même* de l'âme humaine d'*informer* un corps. C'est en effet les sens, liés à des organes corporels qui lui apportent des objets sur lesquels l'intelligence se porte en tout premier lieu.

Chapitre III

LA VIE DE L'AME COMME ESPRIT

> *" L'âme humaine respire au-dessus du temps "*
>
> (Jacques Maritain)

Dans ce chapitre nous regarderons l'âme mener sa vie d'esprit. Nous le ferons en observant son travail dans l'abstraction.

Nous avons beaucoup insisté sur la connaissance sensible dans la vie de l'âme. Maintenant il nous faut non moins insister sur un autre fait psychologique. Nous voulons dire que sa vie de connaissance sensible et d'affectivité sensible n'est qu'un passage pour sa vie d'esprit. L'âme ne s'arrête pas à la sphère du sensible. Là n'est pas son but, sa fin recherchée. Au contraire c'est pour, en la dépassant, pouvoir penser, c'est pour vouloir de volonté libre qu'elle exerce sa complexe vie sensible, externe et interne.

* * *

Nous, hommes, nous percevons, nous imaginons, nous nous souvenons, mais aussi nous outre-passons ces actes. Pour preuve analysons le processus de *" l'abstraction "*. Par ce mot nous définissons le travail que fournit l'intelligence en genèse de ses idées. Mais soyons attentifs surtout à la fin qu'elle recherche dans ce travail.

Tout, chez nous, commence par des sensations. Elles sont innombrables, foisonnantes. Pourtant elles se trouvent spontanément synthétisées par la faculté interne qu'on appelle le " sens commun ". Ce sens réunit en un seul et unique objet toutes les données diverses venues des choses. Cette couleur jaune, cette saveur acide, ce relief rugueux dans ma main, cette odeur, tout cela s'unit pour que je puisse donner à ce fruit son nom : le nom de citron. L'objet ainsi unifié passe dans l'imagination qui n'en retient qu'un schéma. Dans cette structure sensible interne un intelligible est présent : " C'est dans les formes sensibles que les intelligibles existent " (84). Alors, pour reprendre l'image d'Aristote, comme la main l'intelligence le saisit, *l'abstrait,* le tire à elle, en elle, et enfin l'exprime comme le fruit de cette " simple appréhension ", de cette " simple préhension " en lui donnant son nom, le nom de " citron ".

* * *

Ce processus de l'abstraction, l'âme le conduit poussée par l'intelligence. Elle met en œuvre toutes ses facultés de connaissance sensible afin de permettre à l'intelligence de *" tirer "* hors du complexe donné sensible, progressivement structuré, l'essence des choses. Ce travail d'abstraction n'est pas un but pour l'âme. Elle ne s'y arrête pas. Mais elle doit passer par cette étape. Elle arrête son travail quand, l'essence des choses ayant pu pénétrer dans son fonds, elle la *lit* (intus-legere = lire à l'intérieur d'elle-même) grâce à la production de *"l'idée"* où elle la voit (eidô = veut dire voir).

* * *

Pour voir les essences l'intelligence a donc dû les abstraire (ab-trahere = tirer dehors). Elle a dû les extraire de la matière. Mais alors les sens restent comme aveugles devant de tels objets. Ils ne sont connus que par l'intelligence. Dans cet acte d'intelligence, où les sens n'ont plus de part, l'âme n'opère plus comme forme de son corps. C'est pourquoi on dit qu'elle mène une vie d'esprit. Aristote, qui est l'auteur de la doctrine de *"l'abstraction"* esquissée ici, concluait que dans l'âme humaine l'intelligence est une faculté, une partie, bien différente des autres. Il ajoutait " seule l'intelligence peut être séparée du corps " (85). Dans ce sens précis l'âme doit être appelée : *esprit*. Dans ses actes d'intelligence il est juste de dire que l'âme *" respire au-dessus du temps "*. On peut voir également combien la recherche d'Aristote sur l'Ame humaine était, de fait, en marche vers une preuve de l'immortalité de l'âme. Si cette preuve il ne l'a pas vraiment articulée, il a fait plus. Il a indiqué vers quoi il faut diriger le regard pour établir une telle preuve. Il avait dans sa pensée l'intuition vivante du principe qui la fonde. C'est lui qui a dit de l'intelligence qu'elle est " quelque chose de divin et d'impassible " (86).

CHAPITRE IV

LA VIE DE L'AME COMME ESPRIT
(suite)

> *"Si le vieillard recouvrait un oeil de bonne qualité, il verrait aussi clair que le jeune homme"*
>
> (ARISTOTE)

La vie de l'âme comme esprit commence avec la phase de l'abstraction exposée au chapitre précédent. L'abstraction n'est pas seulement le tout premier travail de l'âme comme esprit, elle sous-tend en fait toutes les activités spirituelles de l'homme. Nous voudrions nous arrêter à deux activités de l'âme où l'indépendance à l'égard de la matière apparaît clairement. Nous parlerons d'abord de la recherche des définitions, puis de la création artistique dans le chapitre suivant.

A) **La recherche des définitions :**

Aristote disait que le plus grand mérite de Socrate en philosophie, c'est d'avoir créé la méthode de la définition. Il faudrait à titre d'exemple choisir l'un ou l'autre dialogue où

Platon dresse le portrait de Socrate, chasseur des définitions. Sa méthode dialectique consiste à ne recueillir que les éléments communs d'une chose et à écarter tous les éléments individuels. La définition de l'homme : " animal raisonnable ", ne laisse entrer en elle ni dimensions, ni couleurs, ni âge, ni langue, rien de ce qui appartient à un individu concret. Il est donc évident que, lorsque nous définissons, notre intelligence ne présente rien de sensible, rien de matériel. Si nous en doutons, ouvrons un dictionnaire des noms. Ils sont tous pris abstraitement. Abstraite aussi est la définition qui les accompagne. Preuve que l'âme humaine pour les définir arrache les essences du monde la nature, en les *" détemporalisant "*, en les *" despatialisant "*.

* * *

Voici ce qu'on a écrit à ce sujet : " Je regarde des choses qui sont autour de moi. Quand je parle d'elles, si je veux communiquer avec vous, je suis obligé, pour que vous saisissiez ma pensée, de les arracher à leur milieu. Je vous communique leur essence. Et vous, à votre tour, vous recevez cette communication - comme un animal ne pourrait pas la recevoir - vous la recevez comme despatialisée et détemporalisée. Chez celui qui fait l'action d'arracher une réalité à son milieu spatio-temporel et chez celui qui vous écoute, il y a cette même puissance d'établir un langage au-dessus de l'espace et du temps " (87).

* * *

Voilà comment on peut montrer l'indépendance de l'âme humaine vis-à-vis du temps et de l'espace. Le mode selon lequel les essences sont au-dessus du temps indique aussi le mode selon lequel l'âme humaine est au-dessus du temps.

Prolongeant cette conclusion, Aristote ne craint pas d'affirmer que l'esprit, en tant que tel, ne vieillit pas ! Quand on s'approche des quatre-vingts ans, on ne peut transcrire le texte suivant sans humour et délectation : " Si le vieillard recouvrait un oeil de bonne qualité, il verrait aussi clair que le jeune homme. C'est donc que la vieillesse est due, *non pas à une affection quelconque de l'âme,* mais à une affection du sujet où elle réside (entendez le corps), comme il arrive dans l'ivresse et les maladies. L'exercice de la pensée et de la connaissance décline donc quand un *autre organe* intérieur est détruit, mais en lui-même l'intellect est impassible " (88).

Prenons-en acte ! Dans sa vie d'esprit, l'âme ne vieillit pas. C'est déjà dire qu'elle est immortelle.

Chapitre V

LA VIE DE L'AME COMME ESPRIT
(fin)

> *" L'Homme qui ne voulait pas mourir "*
> (Epopée de Gilgamës)

Le travail de définir implique donc un arrachement des essences à leur cadre spatio-temporel. Il est encore une autre activité où l'indépendance de l'âme humaine à l'égard de la matière s'affirme avec autant de force :

B) **L'activité artistique :**

Pour mieux entrer dans le mystère de la création artistique, faisons cette réflexion préliminaire. Les choses de la nature, on peut les appeler : les œuvres d'art de Dieu. En chaque chose, en cette marguerite, en cette hirondelle, il y a une essence. Mais qu'est-ce qu'une essence ? C'est une idée créatrice que Dieu a déposée dans la matière afin qu'elle y accomplisse un programme de vie spécifique. Cette marguerite pousse conformément à l'idée de marguerite. Saint Thomas d'Aquin aimait à dire que la nature des choses est un art divin résidant dans les choses (89). La plupart du temps cet aspect des choses disparaît sous le voile de leur *"ustensilité"*. On les regarde sous l'angle de leur utilité pour nous. Mais que tout à coup le voile se déchire, et qu'on les voit pour elles-mêmes, dans la splendeur de leur vocation première, alors l'âme en est délicieusement blessée. C'est là le privilège des artistes.

Quand tout à coup une chose de la nature, un arbre, un oiseau, la plus humble chose laisse passer un rayon de cette lumière divine qui est en elle, alors la subjectivité s'éveille à elle-même, et se révèle à elle-même. Baudelaire, évoquant le mystère de la connaissance poétique, écrit : " Les choses se pensent en moi ; je me pense en elles ". Alors naît dans l'âme l'irrépressible besoin d'emporter avec soi cette chose, comme on emporte une primevère avec sa motte de terre parce qu'on veut qu'elle ne périsse pas !

* * *

Mais l'œuvre d'art n'est pas seulement pour l'artiste un hiéroglyphe de son âme, elle est aussi, selon la formule de A. Malraux : " La monnaie de l'Absolu " (90). Il y aurait donc à l'origine de l'œuvre d'art une aspiration plus radicale que celle d'exprimer une subjectivité. Il y aurait un besoin de sauver les choses de la dérive du temps, de l'emprise de la mort qui tout détruit. Il y aurait dans le travail de l'artiste la volonté d'arracher une chose du monde de la contingence pour la transporter dans le monde de l'espace pur.

Dans cette perspective, A. Malraux a classé toutes les grandes œuvres artistiques, peintures et sculptures, en trois catégories, sous trois titres, le *Surnaturel,* l'*Irréel,* l'*Intemporel.* En eux-mêmes déjà ces trois titres parlent de l'existence d'un autre monde !

* * *

Dans la création artistique, l'indépendance de l'esprit s'affirme non plus en écartant la matière et comme en la négligeant. L'artiste lutte plutôt contre elle mais en demeurant en elle. Pour transporter une forme d'être, afin de la sauver de la mort, dans le Surnaturel, ou l'Irréel, ou l'Intemporel, l'artiste ne travaille plus comme le philosophe. C'est dans la matière du marbre ou des couleurs qu'il insère le spirituel qu'il a vu fugitivement briller dans les choses. Et le spirituel, il le fait apparaître par des procédés qui ont pu changer à travers les siècles. D'où les trois étapes successives que recouvre la division de Malraux. Géométrisation des corps, déformation des proportions, abstraction de l'accidentel, exaltation des couleurs, tels sont, entre d'autres, les procédés grâce auxquels le sculpteur et le peintre s'efforcent de soustraire les choses au temps, de les ravir à la mort, de les introduire dans la permanence de l'être. Quel témoignage plus éloquent pourrait-on apporter de la part d'éternité qui habite en l'âme humaine ?

* * *

En exergue à ce chapitre, nous évoquons l'épopée de Gilgameš. Son dernier traducteur, en langue française, dans une édition savante, fait tenir le destin de Gilgameš en cette simple phrase : *" Le grand homme qui ne voulait pas mourir "*. Contre mille obstacles, à travers forêts, montagnes, océans, Gilgameš s'en va à la recherche de la plante qui doit lui procurer l'immortalité. Vieux de trois millénaires, plein d'angoisses et de larmes, ce texte est bien le poème de l'irrépressible aspiration de l'homme à l'immortalité (91).

CONCLUSION
DE LA CINQUIÈME PARTIE

Dans les pages de cette cinquième partie, nous avons tenté d'expliquer pourquoi une même et unique âme demeure tout au long de sa vie. L'unité de toutes les opérations corporelles, sensibles, spirituelles est fondée sur un principe qui reste identique sous le courant de la conscience. Chez l'homme, parce que conscience de soi, l'unité et l'identité sont connues. Et cette prise de conscience fonde l'attribution de la totalité des phénomènes à un même et unique centre, le Moi.

* * *

Nous pensons en outre que les derniers chapitres ont expliqué pourquoi l'âme humaine en tant qu'esprit ne finit pas avec la mort. En effet, déjà ici-bas, les opérations intellectuelles et volontaires s'accomplissent sans participation du corps. Abstraction des idées, définitions invariables, et universellement applicables à des individus concrets les plus différents, création artistique, témoignent de la présence d'un pouvoir qui transcende le temps et l'espace - c'est pour ces raisons qu'Aristote peut écrire : " Il n'est pas raisonnable d'admettre que l'intellect soit mêlé au corps " (92). Dans une autre de ses œuvres, il en donnait la raison : " car une activité corporelle n'a rien de commun avec l'activité de l'intellect " (93).

* * *

On peut déduire une conclusion identique à partir de la sphère de la volonté libre. Puisqu'elle est capable de résister aux pressions du monde extérieur et intérieur, la liberté affranchit l'homme à l'égard des choses de l'univers matériel. Surtout la raison ultime de cette domination se trouve dans l'objet lui-même de la volonté : le Bien absolu, universel, plénier. Ce Bien peut, en effet, apparaître dans les poursuites et les jouissances les plus incompatibles entre elles : dans le repos et dans le travail, dans l'étude ou dans l'action, dans les plaisirs et dans l'austérité et l'on pourrait continuer la liste. Le Bien universel, absolu, " présente un caractère de forme par rapport à toutes les conditions particulières où il se réalise sans jamais se laisser enclore " (94).

On peut donc conclure que, même si les activités intellectuelles et les activités volontaires se déploient chez nous en contact permanent avec des actes de connaissance sensible et les tendances passionnelles, pourtant leur transcendance par rapport au monde de la matière s'affirme avec évidence. L'âme humaine, principe premier substantiel de ces opérations, ne peut être tout entière enfermée dans l'horizon de l'univers matériel.

Comment après cela ne pas souscrire totalement à cette sentence de Saint Thomas d'Aquin : " L'âme humaine est une sorte d'horizon, et comme le confin du monde corporel et du monde incorporel " (95).

SIXIÈME PARTIE

CONCLUSION : LA PERSONNE HUMAINE

*" La personne est ce qu'il y a de plus parfait
dans toute la nature "*
(Saint Thomas d'Aquin)

Conclusion Générale

L'AME ET LA PERSONNE

> *" C'est une haute dignité de subsister dans une nature raisonnable "*
>
> (Saint Thomas d'Aquin)

Dans l'avant-propos qui ouvre ce livre, nous avons cité le poète grec qui célèbre l'homme : " Nombreuses sont les merveilles de la nature, mais de toutes, la plus grande merveille, c'est l'homme ". Pour clore ce livre, nous donnons la parole à Saint Thomas d'Aquin. Dans la Somme théologique, avec autant d'enthousiasme, il écrit : " La personne est ce qu'il y a de plus parfait dans toute la nature " (96). C'est comme un écho de l'Antigone de Sophocle répercuté dans ce traité de théologie. La différence entre eux est que Saint Thomas d'Aquin explique où se situe la raison de l'excellence de l'homme. Cette raison, c'est que l'homme est le seul parmi les êtres de la nature à subsister dans une âme spirituelle.

* * *

Pendant que nous décrivions le travail accompli par l'âme pour amener l'homme à se parfaire en sa nature, nous nous acheminions vers cette conclusion. Progressivement nous comprenions que c'est grâce à sa nature d'esprit qu'il parvient à la dignité de la personne. Toutes ses opérations, corporelles, sensibles, spirituelles, l'âme les accomplit pour qu'une personne humaine puisse trouver naissance, croissance, mûrissement et achèvement. On ne donnerait donc pas le dernier pourquoi à l'existence en l'homme d'une âme spirituelle si l'on ne consacrait pas encore un exposé sur la personne. Aussi les pages qui suivent serviront de conclusion globale à ce livre.

LA PERSONNE HUMAINE

1. Introduction

La notion de personne est une des plus difficiles à exposer. Pourtant sa réalité est évidente et sa valeur s'impose d'emblée à la conscience. Nous pouvons commencer par analyser ses projections extérieures.

Je lis, par exemple, dans le journal : " A cette cérémonie nous avons noté la présence des personnalités suivantes ". Suivent les noms de ceux qui dans la ville se sont fait un nom dans l'actualité politique, militaire, ecclésiastique, etc. Dans ce cas, la notion de personnalité désigne un homme qui émerge au-dessus des autres en raison de ses fonctions, de ses compétences, de ses mérites. On appelle dans ce sens une personnalité un individu qui tranche nettement sur l'ensemble de ses concitoyens. On accède à cette dignité en se séparant dans la masse des hommes et en offrant un type unique à l'admiration. La notion de personnalité implique, comme on le voit, les attributs de distinction, de séparation, de valeur individuelle, d'unicité.

On parle aussi de personnalité morale. Dans ce cas l'expression désigne une perfection plus intérieure. On attribuera une personnalité morale à un homme qui ne se soucie pas de la mode du jour et des opinions courantes. Capable de rompre avec les habitudes de son milieu, indépendant dans ses jugements, son action le détache de la masse. Nous retrouvons dans ce cas les caractéristiques déjà notées et qui accompagnent cette perfection : une certaine manière de se séparer des autres, de s'élever au-dessus d'eux, une consistance et une liberté.

Résumons-nous et disons : ce qui constitue une personnalité s'exprime dans un groupe de prédicats : aptitude à sortir d'un ensemble, séparation, distinction, indépendance, prééminence, consistance. Ce sont ces mêmes perfections que nous allons retrouver, mais selon une réalisation analogique, dans la notion de personne psychologique.

2. La personne psychologique

Selon le point de vue psychologique que nous retenons ici par le terme de personne nous désignons un être qui a conscience de soi. La personne c'est le moi. La découverte du moi c'est la prise de conscience par un homme de son existence individuelle, et séparée de celle des autres êtres. Cette prise de conscience est vécue par certains comme un événement unique dans leur vie. Ils sont alors éveillés pour toujours au mystère de leur subjectivité. La joie ou l'angoisse accompagne cette expérience. Julien Green nous confie que chez lui cette découverte a été faite avec tristesse. " Tous les hommes, écrit-il, ont connu cet instant singulier où l'on se sent brusquement séparé du reste du monde par le fait qu'on est soi-même et non ce qui nous entoure. Je laisse aux spécialistes le soin d'expliquer ces choses où j'avoue ne pas voir clair. Tout ce que je retiens est que, pour ma part, je sortis alors à ce moment-là d'un paradis. C'était l'heure mélancolique où la première personne du singulier fait son entrée dans la vie humaine pour tenir jalousement le devant de la scène jusqu'au dernier soupir. Certes, je fus heureux par la suite, mais non comme je l'étais auparavant dans l'Eden d'où nous sommes chassés par l'ange fulgurant qui s'appelle Moi " (97).

Prise comme conscience de soi, la personne est une réalité phénoménale. Elle est connaissable par l'introspection. Elle a une histoire, c'est-à-dire une genèse, une croissance, une maturité. Elle connaît donc les vicissitudes de tout ce qui dans notre univers matériel est appelé à se développer organiquement, à vivre. Nous allons décrire les différents éléments de cette prise de conscience progressive du moi. Comme nous orientons ces analyses vers une saisie de la personne métaphysique, nous allons retenir surtout dans ces descriptions la manière dont la personne se conquiert par la recherche de l'unité intérieure au sein de la multiplicité, de la nécessité au sein de la contingence des situations, de la fidélité à soi-même au sein du changement. Cet enfantement du moi est une expérience tour à tour exaltante et douloureuse.

3. Le Moi organique

La genèse du moi a pour milieu notre propre corps. Le sentiment de notre distinction d'avec le monde et les autres êtres naît à fleur de corps. Nous appellerons le moi, sous cet angle, en raison de la participation du corps, le moi organique. Après avoir noté les obstacles que présente le corps pour la construction du moi, Lavelle écrit : " Mais que serions-nous sans ce corps qui donne à notre être une situation privilégiée dans l'espace et dans le temps, qui l'enferme dans certaines bornes déterminées, qui fait de lui un individu et qui lui permet de dire Moi ? Il est un ennemi contre lequel nous ne cessons de vitupérer, mais il est aussi l'ami le plus tendre.

C'est qu'il nous limite, mais qu'en nous limitant, il fait de nous un être unique, original et séparé " (98).

Le corps fait donc partie de la personne. Il est " mon " corps. Il est intégré au " je ". Je m'attribue tout ce qui lui advient. Et contrairement à ce qu'affirme Platon et la philosophie spiritualiste, le corps n'est pas un objet pour le moi. Il n'est pas un instrument du moi. Il est une partie du moi à telle enseigne que, sans le corps, l'homme n'est plus une personne humaine. Il n'est plus cette totalité qui comprend, dans l'unité, le corps et l'âme. On réalise alors que ce soit par le corps que commence l'expérience du moi. C'est le corps qui fait de notre être un individu et qui lui permet de pouvoir dire " moi ". C'est là une nouvelle extension de l'unité substantielle du corps et de l'âme chez nous.

On réalisera aussi que c'est là qu'il faut intégrer les analyses précieuses de la psychologie des profondeurs sur le développement psychologique de l'enfant (99). Il n'est pas question de résumer ici de telles études. Des renseignements qu'elle nous fournit retenons simplement ce qui suit.

De sa naissance à trois ans l'enfant se dégage progressivement du monde dans lequel il est d'abord immergé. Après avoir vécu neuf mois en dépendance totale à l'égard de sa mère, sa naissance marque une rupture avec ce premier milieu de vie. C'est le premier dégagement de toute une série de ruptures qui ont pour fin de faire exister pour soi un organisme vivant. Le sevrage, par exemple, sera " un peu comme une nouvelle naissance : c'est la rupture consommée avec l'organisme maternel " (100).

Pendant les trois premières années, la vie de l'enfant se limite à construire son corps. C'est cette construction qui fera de lui un individu, c'est-à-dire un être séparé des autres corps du monde, mais indivisé en lui-même. D'abord, comme enfoui dans le monde, il va prendre ses distances à l'égard des choses par le moyen de son corps même. Par la gesticulation de ses mains et de ses pieds, par ses tentatives de marche, il conquiert son indépendance. " Vers trois ans, l'enfant est donc quelqu'un qui a terminé la construction de son corps, qui l'a dégagé du milieu ambiant au prix d'une activité exploratoire, qui s'en est servi pour établir certains liens affectifs avec son entourage, qui a pris conscience de lui-même en s'y insérant activement " (101). Nous ne pouvons dans le cadre d'une initiation succincte en dire plus. Mais cela suffit, pensons-nous, pour recevoir cette intuition que l'histoire de notre moi a d'humbles débuts et que la construction de notre corps représente une étape importante de cette histoire.

4. Le Moi psychologique

Mais le moi trouve un autre terrain d'émergence dans les activités psychiques. Alors que l'expérience corporelle constitutive du moi organique apporte à l'enfant le sentiment de son indépendance corporelle, les activités de l'intelligence et de la volonté apportent d'autres éléments qui accusent encore le dégagement du monde des choses, en même temps qu'une prise de position à son endroit. Nous allons tenter de dire comment ces activités collaborent à une prise de conscience de soi d'ailleurs jamais achevée.

A. L'apport de l'intelligence

Que les actes de l'intelligence contribuent à la création du moi, on le conçoit aisément. L'intelligence connaît l'être même des choses. Elle porte sur l'en-soi de la réalité. L'estimative de l'animal ne perçoit les choses qu'en les faisant entrer dans le circuit de son intérêt biologique. C'est une connaissance essentiellement subjective. La noblesse de l'esprit réside dans une capacité d'attention à l'égard de l'être des choses. L'intelligence est le pur miroir des choses. Elle reflète leur acte, leur densité, leur valeur propre. Elle est accueil de l'autre en tant qu'autre.

Mais cette objectivité de la connaissance ne se peut réaliser que si la chose est connue dans son altérité. Ce sera donc l'acte de l'intelligence seul qui réalisera parfaitement la définition classique de la connaissance : " Etre l'autre en tant qu'autre ". Mais comment être l'autre sans prendre conscience de soi par le fait même comme l'autre pôle de cette dualité dans l'union ? Cette réflexion de l'intelligence s'accomplit très particulièrement dans le jugement, opération dans laquelle l'esprit se trouve consciemment devant la réalité. C'est une thèse plusieurs fois affirmée par saint Thomas que le jugement implique ce reploiement illuminateur de l'esprit sur lui-même. Voici, par exemple, ce qu'il écrit dans le *De Veritate* : " La vérité se trouve dans l'intelligence parce qu'elle est produite par elle et connue par elle. Elle est produite par l'opération du jugement qui a pour terme la réalité même des choses. De plus, elle est connue par l'intelligence précisément quand elle réfléchit sur son acte. Elle réfléchit sur son acte parce qu'elle le connaît, mais, de plus, elle saisit le rapport qu'elle a avec la chose. Cette saisie ne se peut réaliser que si l'intelligence connaît la nature même de son acte, c'est-à-dire, si elle perçoit la nature de l'intelligence comme faculté, dont le propre est de se conformer au réel. L'intellect connaît donc la vérité en faisant réflexion sur soi" (102).

Dans les actes d'intelligence et de liberté, il y a déjà une présence de l'âme à elle-même, une conscience habituelle d'elle-même. Il faut ajouter pour notre propos maintenant que cette conscience habituelle de soi, lorsqu'elle passe à l'acte par les opérations de l'intelligence, constitue précisément le moi psychologique. La connaissance réflexive de l'intelligence dans ce cas est une expérience. C'est la certitude intuitive que l'âme possède son existence la plus individuelle. " Comme il est connaturel à notre intelligence, en l'état de la vie présente, de se tourner vers les choses matérielles et sensibles, il résulte que notre intelligence se saisit elle-même en tant qu'elle est actualisée par des similitudes abstraites des choses sensibles par la lumière de l'intellect agent. Celle-ci joue le rôle d'actualisateur vis-à-vis des intelligibles eux-mêmes, grâce auxquels l'intellect possible fait acte d'intelligence. Ce n'est donc pas par son essence mais par son acte que se connaît notre intelligence " (103).

C'est dans un acte individuel, produit par moi, que l'intelligence et l'âme, en conséquence, sont connues par elles-mêmes. C'est l'acte individuel, produit par moi, qui est le médiateur de cette auto-connaissance. Il s'ensuit que ce qui est perçu n'est pas l'essence de l'âme, mais l'âme dans son individualité et sa concrétude. Elle se saisit comme le principe existant des opérations sorties d'elle hic et nunc. " C'est bien la substance de l'âme, non pas sa substance abstraite, sa nature, mais sa substance réelle, existante, concrète, vivante qui est finalement expérimentée au terme de l'observation de conscience. L'âme, par elle-même, se saisit par elle-même, non tout entière, mais elle-même. Elle se perçoit directement à la source de ses actes intellectuels. L'âme peut donc édicter, dans toute sa vigueur réaliste, son verdict : Je perçois expérimentalement que c'est moi qui pense, moi, c'est-à-dire l'être, la substance concrète et réelle que je suis " (104).

Ces remarques nous donnent une compréhension de la conscience de soi comme phénomène. Elles nous livrent la raison formelle de cet acte. Nous comprenons comment cet acte surgit au sein de l'activité de connaissance intellectuelle, comme son accompagnement nécessaire. Sa racine ontologique est la conscience habituelle de l'âme. L'âme est intelligible en elle-même, directement, parce qu'elle est immatérielle. Et il y a proportion, on s'en souvient, entre immatérialité et intelligibilité. De plus, l'âme est aussi intelligente. Dans sa condition présente, il est vrai, elle ne peut faire acte de connaissance de soi que si d'abord elle connaît les réalités du monde. Mais que l'intelligence s'exerce sur un objet quelconque, elle ne peut pas ne pas avoir aussi pour objet cet intelligible qu'elle est elle-même, toujours présent à elle-même. Ainsi, en notre âme individuelle nous avons toujours cette présence de l'âme-objet, à l'âme-sujet, mais à l'état d'habitus, c'est-à-dire d'attente, de promesse, d'élan. Intelligible et intelligence s'enveloppent dans le même être, constituant ce que l'on appelle : la conscience habituelle de soi. Cette conscience habituelle n'est rien d'autre que l'âme elle-même, la substance de l'âme comme inclination à se connaître, prête pour cette prise de conscience de soi actuelle. C'est la substance de l'âme, comme un germe déjà formé, qui ne demande qu'à fructifier en conscience actuelle. C'est l'être même d'un être qui a à se connaître. " Sans l'inclination innée à se connaître dans sa substance, qui est le fond de la structure intime de tout esprit et qui naît de l'information congénitale de sa substance auto-intelligente par sa substance auto-intelligible, la réflexion de conscience n'aurait pas dans l'âme sa cause organique, elle constituerait un ensemble de phénomènes en l'air, sans rien qui les soude l'un à l'autre " (105).

La conscience de soi ! Sa racine se trouve donc dans la substance elle-même de l'âme. Dans l'inclination de cette structure à s'envelopper comme sujet et objet de connaissance intimement unis dans le même être. Sa fleur est l'acte de connaissance de l'âme par elle-même tout à coup émergeant grâce à la médiation de l'acte de l'intelligence porté sur un objet de ce monde. Sa limite est de ne pouvoir s'exercer qu'en accompagnement d'une connaissance ouverte d'abord sur un autre être. Sa promesse c'est d'être le chemin qui conduit au mystère de la subjectivité elle-même. Mais ce chemin de la subjectivité l'âme le découvre aussi dans l'expérience de la liberté.

B. L'apport de la liberté

Cette expérience du moi psychologique s'accroît encore par les actes du libre-arbitre. Reprenons ici la réflexion de Lavelle déjà cité : " La liberté et la conscience ne font qu'un. Comment serait-on libre, en effet, et privé de conscience ? Et de quoi pourrait-on avoir conscience sinon de l'être que l'on se donne à soi-même, en se séparant du monde, mais en tournant vers le monde une initiative qui nous est propre ? Les degrés de la liberté et les degrés de la conscience croissent proportionnellement " (106).

Dans l'acte libre, nous l'avons vu, c'est moi qui suis la cause de l'action que je pose. Je crée les motifs de cette action. C'est dire qu'elle est " mienne " à un titre nouveau. L'acte libre est un acte dont le moi est la source. Il dépend de la délibération que j'ai avec moi-même. En posant un tel acte, le moi ne peut pas ne pas se découvrir. Pour Maine de Biran, on le sait, le moi réside tout entier dans la conscience de l'activité libre. C'est par l'effort de la volonté s'exerçant sur la résistance organique que le moi est constitué. Selon Maine de Biran, il faut dire non pas : " Je pense, donc je suis ". Mais plutôt : " Je veux, donc je suis ". Et il écrit : " Nous ne pouvons nous connaître comme personnes individuelles, sans nous sentir causes relatives à certains effets ou mouvements produits dans le corps organique. La cause ou force actuellement appliquée à mouvoir le corps est une force agissante que nous appelons " volonté" : Le moi s'identifie complètement avec cette force agissante " (107).

Un acte libre est un acte sorti des profondeurs mêmes du sujet. Un acte qui doit le moins possible et aux pressions de l'extérieur et aux poussées de notre nature. Le monde extérieur et les données internes de la nature sont en lui, mais comme la matière qu'il modèle, comme la résistance où il trouve son point d'appui pour son exercice. Mais, dans le moment de la décision, la liberté donne au sujet le pouvoir de s'arracher au poids des habitudes, des jugements tout faits, du milieu, de ce que la psychanalyse appelle le çà et le sur-moi. L'acte libre domine les poussées instinctuelles, les passions, l'hérédité, les suggestions de l'imagination. Un acte libre fait apparaître dans l'individu une intériorité victorieuse de ses déterminismes.

Nous disions que le moi organique faisait surtout apparaître l'individualité. L'individu désigne un être qui est séparé des autres par son corps, qui a une vie biologique pour lui seul. Il se trouve cependant inséré dans une espèce, et les principes de son espèce le traversent de leurs dynamismes. Or, l'individu accède à la dignité de la personne quand, par la liberté, il domine ce donné de nature, le modèle, le soumet à ses fins spirituelles. C'est pourquoi on a dit justement que " l'individu est la synthèse de la nature et de la liberté ".

L'acte libre enfin est un acte issu de l'enveloppement de l'intelligence et de la volonté. Ces deux facultés, se déterminant mutuellement, forment un jugement pratique par lequel le sujet va s'affirmer face au monde. Or, les actes de chacune de ces facultés deviennent objets pour l'autre faculté. " L'intelligence perçoit l'acte de volonté par refluence du mouvement de la volonté dans l'intelligence, parce qu'elles sont unies dans l'essence de l'âme. La volonté meut d'une certaine manière l'intelligence, lorsque je comprends que je veux; et l'intelligence meut la volonté, lorsque je veux quelque chose parce que je comprends que c'est bon " (108). Dans les pages précédentes, nous avons vu que la mise en exercice des facultés immatérielles s'accompagne d'un reploiement illuminateur de la faculté sur elle-même et, de proche en proche, sur la substance individuelle de l'âme.

Si, dans tout jugement spéculatif, le sujet se connaît en affirmant la vérité, cette conscience est plus accentuée encore dans un jugement pratique. Car, dans le jugement spéculatif, le sujet est mesuré par l'objet qui lui impose son évidence.

Dans le jugement pratique le sujet garde ses distances, si l'on peut dire, vis-à-vis de l'objet. Le sujet a la maîtrise de son jugement. Le jugement final, celui qui déterminera l'acte libre, est commandé par le sujet en raison de son projet fondamental, en quoi il se définit dans son essence individuelle ou sa personne. Le jugement libre est vraiment l'expression de la subjectivité. Alors le moi se reconnaît dans sa consistance. De l'acte volontaire découle un sentiment exceptionnel de notre existence individuelle.

Ce sentiment d'existence est si fort que tout un courant philosophique identifie existence et liberté. Pour l'existentialisme l'homme seul existe, parce que seul, parmi les êtres intra-mondains, il est libre. Par sa liberté la personne est promue à la dignité de " causa sui ". Et seul l'être cause de soi " existe " à proprement parler.

C. Conscience et existence

Pour l'existentialisme, l'existence de la conscience se réduit à la conscience de son existence. Tout l'être de l'homme se réduit à l'acte de conscience. Et cet acte se réalise dans les actes de connaissance et de liberté. Et certes, en se dépassant vers l'autre - ce qui est le fait de l'intentionnalité du connaître - le sujet s'apparaît, et donc se fait être pour-soi. De même par la liberté, en se projetant vers le futur, vers ses possibles, l'homme existe. En ce sens Sartre écrit : " Toute existence consciente existe comme conscience d'exister " (109).

Pour Sartre donc le Moi psychologique, l'apparition de soi à soi, c'est là tout l'être de l'homme. " La conscience, dit-il, n'a rien de substantiel, c'est une pure " apparence ", en ce sens qu'elle n'existe que dans la mesure où elle s'apparaît. Mais c'est précisément parce qu'elle est pure apparence, parce qu'elle est un vide total (puisque le monde entier est en dehors d'elle), c'est à cause de cette identité en elle de l'apparence et de l'existence qu'elle peut être considérée comme l'absolu " (110).

Le sujet humain, on le voit, se réduit au " Je ", à l'acte de conscience de soi. Et comme il s'apparaît à lui-même par le moyen de sa liberté et de la connaissance, dont il est la cause, il existe par soi. Il est un absolu. Pour cette raison, Sartre refuse la substance comme fondement du phénomène de conscience. La conscience se fonde par elle-même.

Mais c'est là s'arrêter trop tôt en route et renoncer arbitrairement à dépasser le phénomène. On l'a dit très justement : " Certes, le lien de la liberté et de l'existence est évident et son affirmation un lieu commun de la philosophie contemporaine. Seulement, dans la mesure où cette philosophie tend à réduire l'existence humaine, ce lien se resserre jusqu'à l'identité et la métaphysique s'éclipse devant une phénoménologie du " JE ". Or, la phénoménologie la plus subtile ne tient pas lieu de métaphysique. Par-delà les descriptions, les réductions et les analyses, l'esprit, invinciblement, cherche à comprendre, et il n'y a de compréhension véritable que fondée sur l'être " (111). Il nous reste donc encore à parler de l'aspect métaphysique de la personne. La psychologie philosophique débouche sur l'ontologie.

5. La racine métaphysique de la personne

Il nous faut quitter le domaine de l'agir, où le sujet humain exerce la conscience de soi et se possède d'une façon unique parmi les existants du monde. Il faut descendre plus profond encore dans l'intériorité du sujet pour y découvrir la racine métaphysique de la personne. Car s'il y a dans l'homme une personne psychologique, et c'est d'elle que nous avons parlé jusqu'ici, il y a encore dans l'homme la personne métaphysique. Non qu'il y ait deux personnes, deux êtres. Mais c'est la même et unique personne qui, d'abord cachée au niveau de l'être, s'apparaît à elle-même au niveau de l'agir. Le moi ne pourrait jamais affleurer dans l'acte de conscience s'il n'avait comme racine, dans l'être même, la subsistence.

Mais comment faire pour rendre évidente cette mystérieuse réalité ? On fera deux réflexions d'ordre métaphysique.

1° La personne psychologique consiste formellement dans une appropriation consciente, par un sujet, de ses actions. Le sujet conscient perçoit que ses actions sont siennes. S'approprier ses actions et le savoir c'est se posséder deux fois. Or, cette appartenance à soi réalisée au niveau de l'agir n'est que la projection d'une appartenance à soi plus fondamentale dans la ligne de l'existence. L'action, en effet, se situe, philosophiquement parlant, dans le prolongement de l'existence. Elle est la tension d'un être qui veut " exister " plus, plus vraiment. Telle est la perspective métaphysique de l'acte libre, on l'a vu. Sous cet angle, la connaissance intellectuelle apparaît comme une tentative pour sortir des bornes où nous enferme notre espèce afin d' " exister " aussi l'acte de toutes les choses. Mais pour pouvoir ainsi s'appartenir dans l'ordre de l'action, il faut d'abord s'appartenir dans l'ordre de l'existence. C'est pourquoi on définira la personne métaphysique en disant qu'elle est ce qui donne à une nature spirituelle de s'approprier l'existence, de posséder pour soi l'existence. Mieux encore, la personne donne à un être d'exercer l'existence, l'acte le plus fondamental de l'être.

2° Il y a dans le monde une multitude d'existants. Cette rose, ce chien, cet homme exercent une existence propre. On pourrait imaginer que ces choses ne soient que les parties d'un tout, comme des fils pris dans le tissu de l'univers. Or il n'en est rien. Ce qui étonne le métaphysicien c'est justement que ces choses aient une existence bien à elles. Cette rose a une existence à elle autant que son éclat; cet oiseau a son existence à lui autant que son chant est à lui. La rose et l'oiseau se sont approprié l'existence. Elle est leur bien primordial qu'ils possèdent en indépendance. Et bien la personne est ce qui donne à un sujet humain d'avoir une existence incommunicable. Cette indépendance radicale dans l'être explique qu'il pourra exercer des actions propres. Et s'il est plus facile de comprendre cette appropriation au niveau de l'agir, c'est qu'on ne réalise pas vraiment que le terme " étant " signifie qu'une chose, qu'un être exerce l'acte des actes : l'existence.

Nous ne disons pas que l'existence soit une action, au sens propre. Notons ces remarques judicieuses : " L'exister étant un acte et la notion d'acte étant formée par analogie à partir de l'agir, il est difficile, en parlant de l'esse, d'éviter tout à fait le vocabulaire de l'agere. Disons donc, une fois pour toutes, que nous n'entendons nullement, en employant de telles formules, faire de l'être une activité; mais 1° souligner l'analogie de l'exister et de l'agir, tous deux non seulement actes, mais actes seconds, actes ultimes, actes dont la notion exclut toute potentialité; 2° souligner l'enracinement de l'agir dans l'être. Et quand nous disons que l'être exerce l'acte d'exister, nous entendons simplement affirmer l'en-soi de l'être, cette profondeur ontologique qui en fait autre chose qu'un phénomène ou une idée. Cela certes n'est pas une action, mais c'est le présupposé de toute action " (112).

Laissons-nous nous étonner par le fait qu'il y a dans le monde des choses nombreuses et variées qui font l'acte d'exister. Exercer l'existence c'est accomplir l'acte le plus important, celui qui décide de tous les autres. Sans lui, en effet, les autres ne pourraient émerger. Cet oiseau que je regarde décrire dans le ciel des figures imprévisibles fait l'acte d'exister avant tout. Et cela est extraordinaire ! Il y a dans l'exercice de l'existence comme une affirmation originelle de soi, un *entêtement* à être - si l'on ose ainsi parler - que les actions futures ne font que réaliser encore plus, mais à leur plan.

Or, le fondement de cette tendance à exister pour soi, à exercer l'acte d'exister comme approprié, à rendre cette existence strictement incommunicable, c'est ce que nous appelons : la subsistence. C'est elle, la subsistence, qui constitue en sujets d'existence les natures spécifiques du monde (ces sujets s'appellent " suppôts " pour tous les êtres autres que les hommes, qui s'appellent alors " personnes").

La subsistence est un principe dans l'être même de l'homme. C'est une perfection d'ordre ontologique puisqu'elle a rapport immédiat avec l'existence. Ce n'est pas l'existence. L'existence en elle-même est communicable, je veux dire dans sa pure ligne d'existence. La subsistence ne peut se confondre non plus avec l'essence. L'essence, elle aussi, est communicable, puisqu'elle se trouve multipliée dans les individus de l'espèce. Certes, l'essence est ordonnée à l'existence, mais pas comme ce qui approprie l'existence, pas comme ce qui fait qu'elle appartient à Pierre, par exemple. On penserait plus facilement que l'appropriation de l'existence découlât de l'individuation. L'individuation n'est-elle pas ce qui fait qu'un être de ce monde est séparé de tout autre par la matière ? Cette séparation ne pourrait-elle pas avoir pour effet que Pierre reçoive pour lui l'existence ? Pourtant, il suffit de réfléchir au fait que l'individualité se tient du côté de la matière. Ce qui individualise un corps dans le monde c'est le premier accident qui découle de la matière : la quantité. Mais la matière et la quantité sont des principes passifs. Et ce qui de soi est passif ne peut être ce qui exerce l'acte d'exister. Exercer cette force par quoi une chose se tient au-dessus du néant et hors de ses causes, cela ne peut être le fait d'un principe purement passif. Il faut donc poser une entité distincte tout à la fois et de l'existence et de l'essence, et de l'individuation. Une perfection sui generis, mystérieuse, qui constitue une nature humaine en sujet d'existence, en personne. Il ne faut pas la considérer comme une réalité séparée de l'essence et de l'existence, ou comme planant au-dessus de ces deux principes et s'en servant comme d'instruments. La subsistence fait partie de l'être concret. C'est par elle que l'essence individuelle d'un homme va pouvoir exercer pour elle l'acte même d'exister.

Dans le cas de la personne humaine, la subsistence doit avoir une perfection, une valeur du même ordre que la nature spirituelle qu'elle a pour rôle de rendre incommunicable dans l'existence.

La valeur de la personne, saint Thomas l'exalte en ces termes : " La personne est ce qu'il y a de plus parfait dans toute la nature : savoir ce qui subsiste dans une nature raisonnable " (113). Si mesuré habituellement, quand il parle de la personne, il ne craint pas les superlatifs. " C'est une haute dignité de subsister dans une nature raisonnable ", écrit-il encore (114). Les contempteurs de saint Thomas au nom de ce qu'ils nomment " un personnalisme chrétien " ont-ils médité de tels textes ?

Mais si c'est la plus haute perfection, il faudra dire que ce qui existe, ce ne sont pas des natures ou essences, mais des suppôts, des personnes. On comprendra alors que l'essence et l'existence ne sont que pour la personne, pour que se tienne dans l'être, hors de ses causes, et que s'épanouisse dans l'agir, une personne. La personne est donc la fin de tout ce qu'elle possède. Tout ce qui est donné ne lui est donné que pour se faire être encore au niveau des actions. Bien sûr, il importe souverainement à une personne qu'elle prenne conscience de soi, qu'elle agisse librement, se donne dans l'amour. C'est pour pouvoir s'achever ainsi qu'elle a reçu une nature spirituelle et même corporelle. Mais, bien longtemps avant qu'elle s'accomplisse au plan de l'agir, elle dépasse en valeur tout ce qui existe dans la nature. Nous aimons ces réflexions de Stefanini : " Je suis précédé par moi-même. Il est un en-soi de mon être que le pour-soi ne réussit point à égaler. Ce que je suis dans l'intimité de mon être déborde d'autant plus triomphalement mon acte que cet acte s'attache avec plus de ténacité à un effort constructif d'édification interne. L'autocréation est une magnifique ambition humaine que G. Gentile a élaborée en songe. Ouvrons les yeux; nous constatons au contraire, que, si loin que se propage notre acte, nous ne parvenons pas à nourrir nos propres racines " (115).

La valeur de la personne consiste en ce que sa nature et son existence lui appartiennent en propre. La subsistence met le sceau de la possession sur cet être. Elle inscrit dans la nature qu'elle achève et dans l'existence qu'elle s'approprie, dans l'être même qu'elle fait sien, une tendance à se réaliser encore pour soi au plan de l'agir. Ce qui ne se conçoit que si son être est vraiment sien.

A la question : Qu'est-ce que ta personne ? je ne puis pas répondre : "C'est mon corps, mon âme, mon intelligence, ma volonté, ma liberté, mon esprit ". Tout cela n'est pas encore la personne, mais pour ainsi dire sa matière; elle-même est le fait que tout cela existe sous la catégorie de l'appartenance à soi-même. En revanche, cette " matière " existe vraiment sous cette catégorie et se trouve ainsi tout entière marquée de son signe. La réalité complète de l'homme, et non seulement sa conscience ou sa liberté par exemple, appartient au domaine de la personne, est prise en charge par elle et se trouve déterminée par sa dignité " (116).

A partir de ces réflexions sur la personne métaphysique, nous pouvons dégager trois tendances inscrites dans la structure même de la personne.

6. La rencontre de personnes : le dialogue

La personne humaine est d'abord ouverte sur les autres personnes. " L'expérience primitive de la personne est l'expérience de la seconde personne. Le " Tu ", et en lui le " Nous ", précède le " je " ou au moins l'accompagne " (117).

C'est un fait que l'enfant perçoit autrui bien avant de se connaître. Sans doute, la reconnaissance des autres personnes avant la nôtre et la dépendance à leur égard sont-elles la marque de notre finitude. On le sait de plus en plus, la réussite de la personne est liée à la qualité des échanges de l'enfant avec la communauté familiale d'abord et civile ensuite. Scheler l'a noté avec force : " L'homme vit tout d'abord et principalement dans les autres, et non en lui-même ; il vit plus dans la communauté que dans son propre individu " (118).

Le dialogue se rattache ainsi directement à la personne. C'est une tendance foncière de la personne que d'entrer en relation avec autrui. Certes, tout être tend à communiquer ses perfections. Dès qu'un être est en acte sous un angle, il est constitué cause efficiente. Tout être influe sur un autre. L'oiseau réjouit la nature de son chant ; la rose nous comble de son éclat. Nous-mêmes, nous expérimentons ce besoin incoercible de donner. Mais dans le moi, il y a une qualité nouvelle de communication : le dialogue. Dans le dialogue, les personnes se rencontrent, même quand ce dernier porte sur des matières purement objectives. Il y a dans la voix, le regard, le geste, le sourire ou la gravité, les signes révélateurs du moi. Un être purement matériel communique ses qualités. La personne, elle, peut " se " donner. Un être purement matériel subit les influences extérieures. La personne, elle, est capable d'accueillir une autre personne. Don et accueil : telles sont les modalités suivant lesquelles s'opère l'échange interpersonnel.

Et n'est-ce pas assez significatif que nous ne pensons que dans un langage intérieur et extérieur ? Qui dit langage dit espace spirituel où deux personnes échangent leurs idées, leurs sentiments. Le dialogue est donc essentiel à la naissance et à la croissance du moi. " La personne est, sous la forme du dialogue, essentiellement ordonnée à l'autre personne. Elle est, par nature, destinée à devenir le " Je " d'un " Tu ". La personne qui serait foncièrement unique n'existe pas " (119). Il est intéressant de noter à ce propos que le christianisme enseigne que Dieu est Parole, qu'il est en trois Personnes et que son mystère est un échange éternel de connaissance et d'amour.

D'autre part, le dialogue ne peut se concevoir qu'entre des personnes. Pour qu'il prenne naissance, en effet, il faut d'abord que je reconnaisse dans l'autre un sujet indépendant d'existence, une intériorité, une capacité de réponse, une liberté, en un mot une subjectivité. Mais une telle attitude suppose une connaissance de l'autre qui baigne dans l'affectivité.

7. La découverte de la valeur de la personne : l'amour

Le dialogue est une des formes d'union qui conviennent à des personnes qui s'aiment. " Aristophane disait que ceux qui s'aiment, de deux qu'ils sont voudraient ne faire qu'un. Mais parce que ce serait alors la disparition des deux ou de l'un des deux, ils recherchent la seule union qui convient : celle de la vie en commun, de la conversation et autres choses semblables " (120).

Or, si le dialogue suppose la reconnaissance de l'autre, l'amour fait davantage. Il consent à l'existence de l'autre et même la suscite d'une certaine façon. C'est le propre de l'amour de promouvoir l'existence individuelle de l'aimé. L'aimé n'est pas dans l'aimant comme un double, une pure représentation, une forme détachée de son existence réelle. Mais il y est selon tout lui-même. Il est là dans l'aimant comme ce qui l'attire, l'incline vers lui, comme ce qui le fait sortir de lui. L'amour est extatique. Il est ravi par la valeur unique de la personne qu'il découvre.

C'est le mérite de Scheler d'avoir formulé avec force le primat de l'amour dans la connaissance de la personne. " La personne individuelle ne nous est donnée que dans l'acte d'amour et sa valeur, en tant que valeur d'individu, ne se révèle à nous qu'au cours de cet acte. Rien de plus erroné que le " rationalisme " qui cherche à justifier l'amour pour une personne individuelle par ses particularités, ses actes, ses œuvres, sa manière d'être et de se comporter " (121).

Nous pouvons certes faire la philosophie de la personne. Car la personne a des structures qui peuvent faire l'objet d'une théorie. Les pages précédentes en sont la preuve. Mais quand nous disons que c'est l'amour qui donne de connaître la personne, nous voulons parler de la personne " individuelle ". La personne de mon ami Pierre, par exemple, n'est pas connaissable par l'intelligence pure. L'intelligence abrite, objective la réalité. Or, le sujet individuel ne peut être " objectivé ". Le moi de l'autre - et il en va de même pour le mien - est impénétrable à l'intelligence seule. Maritain écrit à ce sujet : " La subjectivité en tant que subjectivité est inconceptualisable, elle est un gouffre inconnaissable, - inconnaissable par mode de notion, de concept ou de représentation, par mode de science quelle qu'elle soit, introspection, psychologie ou philosophie. Comment en serait-il autrement, puisque toute réalité connue par concept, notion ou représentation est connue comme objet, non comme sujet ? La subjectivité comme telle échappe par définition à ce que nous connaissons notionnellement de nous-mêmes " (122).

Mais quand on dit que la personne individuelle est connue par l'amour, il faut s'entendre. L'amour, de soi, ne connaît pas. Mais il apporte à l'intelligence une pénétration nouvelle et lui donne de connaître ce que, seule, elle ne peut connaître. En thomisme on appelle cette connaissance " connaissance par connaturalité ". Cela veut dire pour notre cas que l'amour d'amitié nous donne de pouvoir juger en des domaines qui se dérobent autrement à l'investigation du savoir théorique. Ce qui ne saurait jamais être " objet " pour elle, à savoir le sujet individuel, l'intelligence, que l'amour enveloppe et surélève, le peut pénétrer et très intimement.

C'est ici que nous apprécions toute la portée de l'affectivité. Grâce à elle et par elle seulement nous sommes capables d'entrer dans l'univers des personnes et d'en découvrir l'inestimable valeur. " La personne, c'est la substance à laquelle se rattachent tous les actes qu'accomplit un être humain; inaccessible à la connaissance théorique, elle ne nous est révélée que par l'intuition individuelle " (123). C'est l'amour qui donne à une mère de connaître son fils d'une manière unique. Sans cette connaissance cordiale personne ne ferait justice à notre être.

8. L'aspiration de la personne à l'immortalité

La personne humaine se saisit enfin comme possédant une valeur supérieure à la somme des valeurs matérielles. Non seulement parce que, comme disait Pascal : " Quand l'univers l'écraserait, l'homme serait encore plus noble que ce qui le tue, parce qu'il sait qu'il meurt, et l'avantage que l'univers a sur lui l'univers n'en sait rien " (124). Mais en un autre sens encore, parce que, " quand l'univers l'écraserait, l'homme sait obscurément qu'il ne saurait mourir " (125).

Si je donne mes biens matériels, c'est que j'ai la certitude que je vaux plus qu'eux. Si je donne ma vie, ou si je l'expose comme le font tant d'hommes de par le monde, chaque jour, c'est que je suis sûr que je ne peux pas mourir. " Nous voici maintenant en face d'un paradoxe. D'un côté, rien dans le monde n'est plus précieux qu'une personne humaine singulière. D'un autre côté, rien dans le monde n'est plus prodigué, plus exposé à toutes sortes de dangers que l'être humain, et il faut qu'il en soit ainsi. Quelle est la signification de ce paradoxe ? Elle est parfaitement claire. Nous avons ici un signe que l'homme sait très bien que la mort est non pas une fin, mais un commencement. Il sait très bien dans les secrètes profondeurs de son être propre qu'il peut courir tous les risques, dépenser sa vie, dissiper ses biens ici-bas, parce qu'il est immortel " (126).

Cette connaissance par la personne elle-même de son immortalité est une connaissance par mode d'instinct, une connaissance non fondée sur des raisonnements, non justifiée, mais impliquée pourtant dans ces gestes de générosité, d'oubli de soi, que comporte le fait de s'exposer à la mort. C'est une connaissance non dégagée pour elle-même, mais immergée dans des actes. Il n'y a pas là de jugements proprement dits, ni de concepts élaborés. Mais c'est une connaissance obscure et souterraine.

Cependant, il est possible de trouver la raison de cette certitude. Elle vient du fait que le moi se saisit comme centre invariable et permanent des phénomènes et états de conscience transitoires. Le moi se saisit alors dominant le temps, donc immortel; car la mort est située dans le temps.

Mais c'est aussi pourquoi la mort est incompréhensible et inacceptable. Elle est un scandale pour l'esprit, un non-sens. Ce sentiment de l'absurde représente la réaction typique de la personne devant la mort. La personne est un tout, intégrant âme et corps; mais étant spirituelle comme l'âme, elle ne peut comprendre pourquoi le corps n'est pas toujours uni à l'âme.

Il y a donc dans l'homme une aspiration à l'immortalité du tout, à savoir de son âme et de son corps. Mais comment cela se pourrait-il puisque, de fait, l'homme meurt ? Serait-il possible que cette aspiration soit comblée ? " Oui étant donnée la toute-puissance de Dieu, il n'y a pas d'impossibilité à une sorte de réincorporation de l'âme dans la chair et les os, à une sorte de restauration de l'humaine intégrité. Mais la raison humaine ne peut que concevoir cette possibilité ; elle ne peut aller plus loin, et c'est pourquoi en ce qui concerne l'aspiration suprême de la personne humaine à l'immortalité, à l'immortalité de l'homme, la raison humaine s'arrête, demeure silencieuse et rêve " (127).

NOTES

NOTES DE LA PREMIÈRE PARTIE

1. *Sophocle, Antigone,* 333.
2. *Les parties des animaux,* 645 b-19.
3. *Traité de l'Ame,* 412 a-30.
4. *Les parties des animaux,* 645 b 16-18.
5. P. Claudel, *La cantate à trois voix,* Pléiade, 1957, p. 329.
6. *De l'Ame,* Liv. III, ch. 8, 431 b 21-22.
7. *Métaphysique,* Livre I, 980 a-21.
8. J. Maritain, *Réflexions sur l'intelligence et sa vie propre,* Desclée-de-Brouwer, 1930, p. 106.
9. *Métaphysique,* 1050 a-23-35.
10. *Les Confessions,* Liv. X, Chap. X.
11. *Les Confessions,* Liv. X, Chap. VIII.
12. *Les Confessions,* Liv. X, Chap. X.
13. *La sensation du Divin,* Etudes carmélitaines, Nos sens et Dieu, Desclée, 1954, p. 20.
14. *Les parties des animaux,* 645 b-13.
15. *Réflexions sur l'intelligence, Opus citatum,* p. 106.
16. *Les Confessions,* Liv. X, Chap. VIII.
17. *Les Confessions, ibid.*
18. *Les Confessions, ibid.*
19. P. Chauchard, *Le cerveau et la conscience,* Le seuil, 1960, p. 104.
20. *Les Confessions,* Liv. X, Chap. VIII.
21. P. Claudel, *Cinq grandes odes,* Pléiade, 1957, p. 241.

NOTES DE LA DEUXIÈME PARTIE

22. M. Heidegger, *Questions II,* Gallimard, 1968, p. 215.
23. Anne Perrier, *Les noms de l'arbre,* Empreintes, 1989, p. 15.
24. *Œuvres,* 2, Poésie, Seuil, 1972, p. 508.
25. *De l'âme,* Liv. III, 432 a-5.
26. *De l'âme,* Liv. II, 418 b-2-5.
27. *De l'âme,* Liv. III, 430 a-18.

28. *De l'âme*, Liv. III, 430 a-15.
29. *L'intuition créatrice dans l'art et la poésie*, Desclée de Brouwer, 1966, p. 91.
30. *De l'âme*, Liv. III, 430 a-1.
31. *De l'âme*, Liv. III, 432 a-1-3.
32. J. Maritain, *Réflexions sur l'intelligence et sa vie propre*, p. 106.
33. *De Veritate*, Q II, a 2.
34. Pascal, *Pensées*, 348.
35. *La Nausée*, Gallimard, 1938, p. 179.
36. *Approches sans entraves*, Fayard, 1973, p. 271.
37. J. Maritain, *Les sept leçons sur l'être*, Téqui, p. 97.
38. J. Maritain, *Court traité de l'existence*, Hartmann, 1947, p. 41.
39. "*Nos sens et Dieu*", dans "*Etudes carmélitaines*", 1954, p. 11.
40. J. Dombrovski, *Le singe qui vient réclamer son crâne*, Verdieu, 1991, p. 146.
41. *Liv. I*, 980 a-21.
42. *II, Pensées*, Paris, Didier, 1883, p. 50.
43. Paul Claudel, *4ᵉ ode*, Pléiade, 1957, p. 267.

NOTES DE LA TROISIÈME PARTIE

44. *Liv. II*, 413 b-24.
45. *Liv. I*, 403 a-15 et sv.
46. *Précis de Psychologie*, Rivière et Cie, Paris, 1946, p. 499.
47. *Liv. III*, 431 a 9-11.
48. *Liv. III*, 433 a 21.
49. Anne Perrier, *Les noms de l'arbre*, Empreintes, 1989, p. 11.
50. *Ibid.*, p. 49.
51. R.-M. Ricke, *Œuvres 2*, Poésie, Seuil, 1972, p. 386.
52. *Sept leçons sur l'être*, Téqui, p. 78.
53. *Somme théologique*, Ia, IIae, Question 26.a.2.
54. *Métaphysique*, Liv. I, 980 a-21.
55. Par O.F. Bollnow, *Les tonalités affectives*, La Baconnière, Neuchâtel, 1953, p. 30.
56. *Ibid.*, p. 35.
57. J. Maritain, *Sept leçons sur l'être*, Téqui, 1933, p. 58-60.
58. *Somme théologique*, Ia-IIae, Q. 44, a.1.
59. Eupalinos, *L'âme et la danse*, Gallimard, 1944, p. 146.
60. J. Joubert, *op. cit.*, p. 261.

NOTES DE LA QUATRIÈME PARTIE

61. *De l'Ame*, Liv. III, 432 b-5.
62. Liv. X, Ch. XX.
63. *Pensées, Brunschwig*, n° 425.
64. Liv. X, Chap. XX.
65. *De l'Ame*, Liv. III, 433 b-4.

66. *Traité du Libre-Arbitre,* Liège, 1951, p. 108.
67. *Ibid.,* p. 108.
68. *S. Thomas d'Aquin,* IP, Q. 87 a-1.
69. *Les Puissances du Moi,* Flammarion, 1948, p. 139-140.
70. *Ainsi parlait Zarathoustra,* Robert Laffont, p. 291-295.
71. *Les Démons,* La Pléiade, 649.
72. J. Maritain, *Neuf leçons sur la philosophie morale,* Téqui, p. 49.
73. *Psaume* 8/6-7.

NOTES DE LA CINQUIÈME PARTIE

74. *L'Etre et le Néant,* Gallimard, N.R.F., p. 13.
75. *L'Etre et le Néant,* Gallimard, N.R.F., p. 11.
76. *L'Etre et le Néant,* Gallimard, N.R.F., p. 12.
77. *La philosophie bergsonienne,* Téqui, 1948, p. 249.
78. *De l'Ame,* Liv. II, Chap. II, 412 a-20.
79. *De l'Ame,* Liv. II, Chap. II, 412 b-5.
80. *La science de la Croix,* Nauwelaerts, 1957, p. 170.
81. *De l'Ame,* Liv. I, Chap. I, 403 a-11-12.
82. *De la Génération des animaux,* Liv. II, Chap. III, 736 b-29.
83. *De l'Ame,* Liv. I, Chap. IV, 408 b-18.
84. *De l'Ame,* Liv. III, Chap. 8, 432 a-4-5.
85. *De l'Ame,* Liv. II, Chap. II, 413 b-26.
86. *De l'Ame,* Liv. I, Chap. IV, 408 b-29.
87. Cardinal Charles Journet, *Entretiens sur le Mystère Chrétien,* Cahier I, p. 85.
88. *De l'Ame,* Liv. I, Chap. IV, 408 b-20-25.
89. *Contra Gentiles,* Liv. III, Chap. 3.
90. *Psychologie de l'Art,* N.R.F., Gallimard, 1950, voir les trois volumes : le Surnaturel, l'Irréel, l'Intemporel.
91. Jean Bottéro, *L'épopée de Gilgemes̆,* traduit de l'Akkadien et présenté, N.R.F., Gallimard, 1992.
92. *De l'Ame,* Liv. III, Chap. 4, 429 a-24.
93. *De la génération des animaux,* Liv. II, Chap. 3, 736 b-29.
94. Yves Simon, *Traité du Libre-Arbitre,* Liège, 1451, p. 46.
95. *Contra Gentiles,* Liv. II, Chap. 68.

NOTES DE LA SIXIÈME PARTIE

96. *Somme théologique,* Ia Pars, Q. 29, a. 3.
97. *Partir avant le jour,* Grasset, 1963, p. 23.
98. *Les Puissances du Moi,* Flammarion, 1948, p. 79.
99. J.-P. Deconchy, *Le Développement psychologique de l'Enfant et de l'Adolescent,* Editions ouvrières, 1966.

100. *Ibid.*, p. 57.
101. *Ibid.*, p. 71.
102. *De Veritate,* Q. I, a. 9.
103. *Ia, Pars,* Q. 87, a. 1.
104. A. Gardeil, O.P., *La Structure de l'Ame et l'Expérience mystique,* Gabalda, 1927, t. 2, p. 120.
105. Gardeil, *op. cit.*, p. 111.
106. Lavelle, *op. cit.*, p. 140-141.
107. *Œuvres choisies de Maine de Biran,* Aubier, 1942, p. 87.
108. *III Sent.*, d. XXIII, q. 1, a. 2, ad 3um.
109. *L'Etre et le Néant,* NRF, 1943, p. 20.
110. *Ibid.*, p. 23.
111. J. de Finance, *Existence et Liberté,* Vitte, 1955, p. 30.
112. De Finance, *op. cit.*, p. 52, en note.
113. *Ia Pars,* Q. 29, a. 3.
114. *Ibid.*, ad 2.
115. *Itinéraires métaphysiques,* Aubier, 1952, p. 113.
116. Romano Guardini, *Le Monde et la Personne,* Seuil, 1959, p. 139.
117. Emmanuel Mounier, *Le Personnalisme,* "Que sais-je ?", 1965, p. 38.
118. Max Scheler, *Nature et Formes de la Sympathie,* Payot, 1928, p. 360.
119. Romano Guardini, *ibid.*, p. 155.
120. Ia IIae, Q. 28, a. 1 ad 2um.
121. Max Scheler, *Nature et Formes de la Sympathie,* Payot, 1928, p. 248.
122. *Court Traité de l'Existence et de l'Existant,* Hartmann, 1947, p. 115.
123. M. Scheler, *op. cit.*, p. 249.
124. *Pensées,* 347, Brunswig.
125. Je résume ici un article de Jacques Maritain : *Sort de l'Homme,* La Baconnière, Neuchâtel, 1943. " L'immortalité de l'homme ", p. 9-34.
126. *Op. cit.*, p. 12-13.
127. *Op. cit.*, p. 25-26.

TABLE DES MATIÈRES

Avant-Propos ... 9

Première Partie
L'HOMME : SA VIE SENSIBLE

I	Comment découvrir l'existence de l'âme ?	13
II	Pour qu'elle fin l'âme humaine compose-t-elle le corps qu'elle a ?	16
III	La connaissance rassemble toutes les choses dans l'âme	19
IV	Notre corps est modelé par l'âme au regard des choses qui sont hors de nous	22
V	Le " Sens Commun " introduit les données des sens externes plus profondément dans la conscience	25
VI	Sur le chemin de la sensibilité à l'esprit il y a l'imagination qui participe des deux	28
VII	Grâce à la mémoire, l'âme humaine commence à respirer au-dessus du temps	31
	Conclusion de la première partie	35

Deuxième Partie
L'HOMME : SA VIE INTELLECTUELLE

I	La faculté de l'invisible	39
II	L'intelligence et son domaine caché	41
III	L'intelligence, douceur essentielle	44
IV	" Fleurir en la fleur de tout ce qui est "	47
V	" Une lumière dérivée du Soleil suprême "	50
VI	L'intelligence, comme la main, cueille l'être au fond des choses	52
VII	L'intelligence découvre l'existence	55
	Conclusion de la deuxième partie	58

Troisième Partie
L'HOMME : SA VIE AFFECTIVE

I	Le corps et la vie affective de l'âme humaine	63
II	La sortie de l'âme vers les choses	66
III	Le jeu des passions humaines	69
IV	Sentiments, émotions, passions	72
V	Les tonalités affectives	75
	Conclusion de la troisième partie	78

Quatrième Partie
L'HOMME : SA LIBERTÉ ET SA SUBJECTIVITÉ

I	La naissance de la volonté	83
II	La liberté au cœur de la volonté	86
III	" Le sens commun " trouve la formule parfaite	89
IV	Liberté et subjectivité	91
V	L'aspiration à dépasser l'humain	94
	Conclusion de la quatrième partie	97

Cinquième Partie
L'HOMME : AME ET ESPRIT

I	L'âme est la substance de l'homme	101
II	L'âme humaine est aussi esprit	105
III	La vie de l'âme comme esprit	108
IV	La vie de l'âme comme esprit (suite)	111
V	La vie de l'âme comme esprit (fin)	114
	Conclusion de la cinquième partie	117

Sixième Partie
CONCLUSION : LA PERSONNE HUMAINE

L'âme et la personne	121
La personne humaine	123
Notes	145

ACHEVÉ D'IMPRIMER
LE 28 JANVIER 1994
SUR LES PRESSES
DES ÉDITIONS C.L.D.

imprimé en France
© Editions C.L.D.
42, av. des Platanes - 37170 Chambray-lès-Tours
Dépôt légal : janvier 1994
N° d'imprimeur 9752/1256 - N° d'éditeur 408
ISBN 2-85443-247-9